因為人心太難測，所以需要

崧燁

「百搭」
心理學

VERSATILE
PSYCHOLOGY

- - - - - - - - -

流派簡史 × 精神分析 × 人格養成
× 需求動機 × 個案解讀
36 堂深入生活的實用課程，你以為
的奇怪其實超正常！

▸ 認識心理學的發展歷程，各個學派間誰也不服誰？
▸ 剖析構造最複雜的器官，大腦如何運作感知世界？
▸ 睡眠與潛意識複雜相連，為什麼夢境總是很真實？
▸ 記得陳年往事卻忘記昨日午餐，遺忘原來有定律？

只要掌握這些簡單的原理，
所有的思維、情感和行為都能被解釋！

心靈花園 —— 著

目錄

目錄

目錄

第八章
用心理學的眼睛看世界 ── 社會心理學

前言

　　隨著現代人對心理健康的日益關注，心理學逐漸成為熱門，越來越多的人渴望了解心理學，學習心理學知識，掌握心理調適的方法，改善自身的心理健康狀況。本書即為心理學的入門讀物，引導讀者走出氾濫的娛樂化心理學迷思，走進科學的心理學。

　　作為一門科學的心理學從何時起步？讓我們意想不到的是，科學心理學的起點竟然是萊比錫大學的一間貧困生食堂。科學心理學一旦邁開矯健的步伐，就展現出百花齊放的繁榮局面，流派紛呈，大師輩出，本書為讀者介紹了以精神分析、行為主義和人本主義為代表的心理學流派及其代表人物。

　　了解心理學，首先要了解人的大腦，因為大腦是心理活動的器官，而感知覺是一切心理活動的起點。睡眠、催眠與夢境則揭示了心理活動的另一個神祕世界 —— 潛意識。真實的催眠術是否如影視劇中演繹得那樣神奇？怎樣對我們的潛意識施加影響，讓我們變得自信、樂觀，勇氣十足地面對生活？書中有您想要的答案。

前言

　　「人格」是一個日常用語，但心理學意義的人格卻不同於我們平時所說的人格。它包括人的氣質、性格等層面。人格的主要特徵是何時形成的？面對並不完美的人格，我們又該如何調適？作者告訴我們：幽默與昇華的心理防禦機制可以造就更加健全的人格。

　　除此之外，作者還涉獵了記憶、情緒、需求、動機等心理學問題，並引導我們以心理學的角度來審視我們所生活的世界 —— 社會心理學的內容同樣值得一看。

第一章

作為一門科學的心理學 —— 心理學簡史

　　馮特帶來了許多演示器材和實驗設備，萊比錫大學給他分配了一個小房間 —— 孔維克特樓裡一個供窮學生用餐的食堂。在這裡，馮特創建了世界上第一個心理學實驗室。

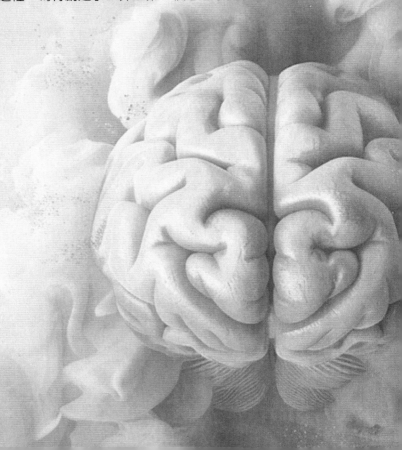

第一節
貧困生的食堂 —— 科學心理學從這裡起步

1879 年，德國萊比錫大學的威廉·馮特（Wilhelm Max-imilian Wundt）建立了第一個心理學研究實驗室，心理學作為一門實驗科學從此誕生。如今人們談起心理學，勢必提到馮特這個名字，他是心理學的創立者，也是世界上第一個真正的心理學家。究竟馮特是何許人也，他是如何建立心理實驗室的，他本人的研究又給後來的心理學發展留下了哪些寶貴的財富呢？我們來考察一下。

1832 年 8 月 16 日，馮特出生在巴登地區曼海姆北郊的一個村莊，他是家中的第四個孩子。父親馬克西米利安·馮特是村裡的牧師，家族成員中有歷史學家、神學家、經濟學家，還有兩位海德堡大學的校長，他母親的家族同樣顯赫，成員包括科學家、醫生和政府官員，因此說，馮特也算出身書香門第。

後來，他在舅舅的建議下作為預科生進入圖賓根大學醫學院，醫生的收入可以使家庭維持體面的生活。大學一年級結束後，馮特轉學到海德堡大學，並且用三年的時間修完了四年的課程，這是他節省開支的唯一方法。在全國醫學會考中，馮特

取得第一名的成績，而後到柏林大學深造一年，跟隨約翰尼斯·
繆勒（Johannes Peter Müller，生理學之父）和艾米爾·杜布瓦·
雷蒙（Emil Heinrich du Bois-Reymond）一起做研究。回到海德
堡大學後，馮特在生理學系擔任講師，他開設的第一門課程是
實驗生理學，可惜只有 4 個學生。按照海德堡大學的規定，講
師的收入依賴學生的學費，馮特只有努力地工作，在演講中安
排實驗。由於過度勞累，他生了一場很嚴重的病，短短時間內
幾乎瀕臨死亡。之後，他到瑞士的阿爾卑斯山進行療養。

　　1858 年，赫爾曼·馮·亥姆霍茲（Hermann von Helm-
holtz）來到海德堡大學，並且辦了一所生理學研究所，馮特
被任命為他的助手。馮特欣然接受這一職位，在他心中，亥
姆霍茲和繆勒、雷蒙是德國三位最偉大的生理學家。當時馮
特尚未結婚，於是，他瘋狂地投入實驗室工作，並且撰寫了
他的第一本著作《感官知覺理論文集》（*Contributions to the
Theory on Sensory Perception*）。這本書於 1862 年出版，馮特
在書中探討了感官機能，發展了知覺理論，率先提出了實驗
心理學的名稱。一年後，兩卷本 1,000 頁的《人類和動物心
理學論稿》（*Lectures on Human and Animal Psychology*）出
版。從此以後，馮特走上了多產作家的道路。

　　1864 年，馮特從生理學研究所辭職，原因是他對自己的
職位不滿意，即使當時他已經從講師升任副教授。沒有了固

定收入後，他只能依靠版稅維持生活。他的這一舉動也引起了人們對他和亥姆霍茲關係的猜測。1871 年，亥姆霍茲離開海德堡大學，馮特原本想要接替他的職位，可惜未能如願。

和未婚妻蘇菲·毛（Sophie Mau）結婚後，馮特開始寫作《生理心理學原理》（*Principles of Physiological Psychology*）。《生理心理學原理》是近代心理學史上第一部最重要的著作，在這本書的緒論裡，馮特就解釋了為什麼會將書名定為《生理心理學原理》。身展現象包括生理的和心理的，他所提倡的心理學就是用生理學的方法發展出來的心理學。這本書中，他開始總結心理實驗的成果，研究感覺、情感、意志、知覺和思維，他試圖將心理學從哲學中獨立出來，發展成一門系統的科學。這部著作讓他得到了蘇黎世大學的哲學教授席位，一年後，他來到萊比錫大學，擔任哲學教授。

馮特帶來了許多演示器材和實驗設備，萊比錫大學給他分配了一個小房間 —— 孔維克特樓裡一個供窮學生用餐的食堂。在這裡，馮特創建了世界上第一個心理學實驗室。學生們可以去那裡觀察實驗演示，也可以參與簡單的實驗，他的學生，如詹姆斯·麥基恩·卡特爾（James McKeen Cattell）、雨果·明斯特伯格（Hugo Münsterberg）、奧斯瓦爾德·屈爾佩（Oswald Külpe）、愛德華·鐵欽納（Edward Bradford Titchener）等都在那裡從事自己的研究，馮特卻幾乎沒有進

行過什麼研究 —— 他的興趣在理論，不在實驗。

實際上，馮特建立實驗室是一次冒險的行動。他的同事並沒有將心理學看作一門科學，覺得他帶著學生進行自我觀察會導致他們的精神錯亂，直到 1883 年，這個實驗室還沒被官方認可。儘管如此，實驗室的規模還是不斷擴大，從原本孔維克特樓三樓的一個小房間，到占用了 8 到 10 個房間，到 1897 年，實驗室已經遷到一個專門為心理學研究設計的建築中。1943 年，馮特的實驗室在英美對德國的轟炸中被摧毀。

直到去世，馮特都住在萊比錫，他從不外出旅行，除了欣賞音樂會之外，也不喜歡參加公眾活動。他每天都過著嚴謹而有規律的生活，上午寫作，下午訪問實驗室、上課，然後散步。課堂上，馮特是一個富於激情，口若懸河的教授，私底下，他則顯得刻板、缺乏幽默感。他的學生鐵欽納說他是一個「不知疲倦和進取的人」。他的動手能力非常差，因此在實驗室裡，總是花最少的時間，做最少的工作，其他研究則是在他家裡的書房中完成的。

馮特對心理學最大的貢獻就是創立了實驗心理學。馮特在他的自傳中說，從他發表第一部著作開始，就設想將心理學分成實驗和社會兩部分。

傳統的內省法有許多不足，在自我觀察中，觀察者和觀察物容易混淆在一起。於是，他將實驗法和內省法結合起

來，在實驗控制的條件下觀察自我的心理過程，以消除主觀內省帶來的影響。在受試者自我觀察做報告之外，利用各種客觀實驗技術記錄受試者的反應，於是，馮特搜集了示波器、速示器、測示儀等工具，這些工具就是馮特進行實驗研究的基礎。

馮特將心理學的研究任務定為對意識元素的分析。最基本的意識元素，即心理元素便是感覺和情感。感覺是直接經驗的客觀方面，有性質和強度兩種特性。不同的感覺的複合構成知覺和觀念。情感則是直接經驗的主觀方面，伴隨著感覺產生，是感覺的主觀補充。那麼，心理元素是怎樣結合成意識的呢？馮特引入了聯想、統覺和心理複合規律的概念。

馮特將內省法和實驗相結合，形成了實驗內省法。實驗內省法並非完美，而是存在許多難以克服的缺陷，為此，後來的心理學家對馮特大有非難，但任何人都承認馮特作為第一個實驗心理學家的貢獻。

民族心理學也是馮特的心理學體系的一部分。馮特認為，記憶、思維、想像這些複雜的心理過程是無法用實驗方法觀測的，於是，他將人的高級心理過程和語言、神話以及風俗習慣等社會產物連繫在一起。分析這些社會產物，便可以推演出高級心理過程的規律。

馮特在《民族心理學》中偶爾提到與社會心理學有關的

問題，也強調了社會文化中的心理因素，有利於社會心理學的形成。不過，他並沒有提出系統的社會心理學的理論，相比社會心理學，他更傾向於文化人類學方面。

縱觀馮特幾十年的研究生涯，馮特是一個相當多產的作家。根據他女兒的統計，他的著作多達 500 餘種，內容涉及心理學、生理學、物理學、哲學、邏輯學、倫理學、語言學、人類文化學等諸多領域。因為羨慕卡特爾擁有打字機，他也買了一臺，結果，他寫作的速度比之前快了兩倍以上。美國心理學史專家艾德溫‧加里格斯‧波林（Edwin Garrigues Boring）曾經計算過，馮特總共出版著作 53,735 頁，68 年間，他每天寫 2.2 頁，每兩分鐘寫一個字，而且是晝夜不停地寫。如此驚人的著作產量讓人不得不佩服馮特的勤奮，後半生，馮特患上了右眼斜視，在這種情況下依然埋頭寫作，不能不令人感動。

馮特創建萊比錫實驗室後，招收了來自各地的學生，這些學生在他身邊學習一段時間後，紛紛前往不同的大學任教，他們不僅成為心理學史上的大家，還為心理學的建立和傳播做出了重要的貢獻。這些人包括美國第一位心理學教授卡特爾，在康乃爾大學創建美國第一個心理學實驗室的鐵欽納，發展了智力二因素理論的英國心理學家查爾斯‧斯皮爾曼（Charles Edward Spearman），兒童心理學家史丹利‧霍

爾（Granville Stanley Hall）以及萊特納‧維特默（Lightner Witmer）、吉特（Charles Hubbard Judd）、歐內斯特‧梅伊曼（Ernst Meumann）和威廉‧詹姆斯（William James）。

可以說，在心理學獨立發展的前 50 年，一些重要的專家學者都是出自馮特的門下。

威廉‧詹姆斯是美國機能主義學派的創始人，他在哈佛大學勞倫斯科學學院學習了三年比較解剖學和生理學之後，轉入哈佛醫學院學醫，並於 1867 年到德國留學，在亥姆霍茲、馮特等人的指導下學習醫學、生理學和心理學。回國後，他獲得了哈佛大學醫學博士學位，開始在哈佛大學教授解剖學和生理學，並逐漸轉向心理學研究。

1875 年，詹姆斯在美國開設心理學課程「生理學與心理學的關係」，同時建立了一個非正式的心理學實驗室。1890 年，兩卷本著作《心理學原理》（*The Principles of Psychology*）出版，這本囊括整個十九世紀的心理學成果的大作迅速被翻譯成法文、德文、義大利文以及俄文。

詹姆斯認為，心理學應該研究心理生活，包括心理生活的現象及其條件。他反對馮特將心理現象分解為元素的方法，他認為意識是不斷流動的，並不能分解成片段或元素。在內省法和實驗法之外，他又提出了比較法作為一種補充方法。

　　馮特特別反感威廉·詹姆斯的心理學，詹姆斯的《心理學原理》一書出版後，受到全世界的普遍歡迎，馮特讀完卻說「這是文學，它很美，但不是心理學」。實際上，詹姆斯的心理學系統更完整，更有洞察力和個人特色。這位學生對老師的看法則是「純粹的教育塑造一個人的完美範例」。

　　被認為繼承了馮特心理學體系的愛德華·鐵欽納是結構主義的創始人。他出生於英國一個財富不多的老式家庭中，靠自己的聰明才智得到獎學金。他先進了麥文學院，之後在牛津大學學了四年哲學和古典文學，第五年，他成為生理學研究助手。這時，他已經對馮特的心理學產生興趣，他像朝聖一般前往萊比錫，師從馮特學了兩年心理學。這兩年使他成為馮特的信奉者，也決定了他在心理學上的前途。

　　新興的心理學引來了不少懷疑者，鐵欽納回到英國後遇到了不少挫折，於是，他決定到美國教授心理學。他到美國的第一站是康乃爾大學，那年他 25 歲，從此之後，他一直生活在康乃爾大學。

　　鐵欽納受馮特的影響非常深，他的心理學體系、觀點、研究方法、教學方式都秉承了馮特的風格，甚至他的舉止風度都有馮特的影子 —— 鐵欽納曾經回憶馮特上課時的樣子：「哢嗒哢嗒地沿著走廊慢慢笨拙地走向講臺……食指從他的額前掠過，重新整理他的粉筆……手臂和手在不停地上下指

著和揮舞著……」多年後，鐵欽納在康乃爾大學上課時，也是用「呀嗒呀嗒」的方式進出教室的。

鐵欽納在康乃爾大學任教期間，建立了一個心理學實驗室，添置了許多儀器設備，他一共培養了 54 名心理學博士，這些人後來成為美國各大學的心理學系主任或知名學者。除了教學、研究之外，鐵欽納並不像馮特一樣，毫無業餘生活，將所有的時間和精力都用在心理學上。鐵欽納有不少業餘娛樂，當然，這並不影響他在心理學上的成就。

鐵欽納精通音樂，曾經擔任康乃爾大學代理音樂教授，他經常在家裡舉行小型音樂會。他喜歡收集錢幣，還喜歡學習各種語言，除了掌握英語、俄語等現代語言外，他還學習了古漢語和阿拉伯語這樣冷僻而困難的語言。因此，鐵欽納的著作比不上他的老師，除了《心理學綱要》（*An Outline Of Psychology*）、《心理學入門》（*Primer of Psychology*）和《初學者心理學》（*A Beginner's Psychology*）之外，其餘都是論文和評論。他曾經翻譯馮特的《生理心理學原理》，他翻譯第三版時，馮特寫好了第四版，當他翻譯第四版時，馮特又出了第五版 —— 師徒二人好像在競賽誰更勤奮一般。

史丹利·霍爾也是將德國的心理學思想帶回美國的傳播者之一。他出生在美國麻塞諸塞州艾士菲的鄉村，曾在萊比錫大學接受馮特的實驗心理學訓練。據他自己回憶，在萊比

錫實驗室時，他是一個老老實實的學生，馮特安排的實驗他都做了，只可惜，這些訓練並沒有影響他未來的研究方向。

回國後，他在詹姆斯的指導下完成關於空間肌肉知覺的論文，獲得哈佛大學心理學博士學位，成為美國第一位心理學博士。後來，他在約翰‧霍普金斯大學設立了心理學實驗室，同時是美國心理學會的創立者。

霍爾的研究興趣在發展心理學，而不是實驗心理學。他認為，實驗心理學所能研究的問題太狹隘，於是，在接受了達爾文演化論和機能主義的觀點後，開始致力於發展心理學的研究。霍爾擺脫了實驗法，而採用觀察法和調查法，研究個體從幼年、童年到青年、中年、老年的發展過程。

1904 年，霍爾出版了《青春期》（*Adolescence*）一書。在這本書中，他提到了「復演說」這一觀點。他認為，個體心理的發展反映著人類發展的歷史。生前的胚胎像蝌蚪一樣生活在羊水裡，代表著人類最初在水中生存，嬰兒期只能爬行，象徵著人類演化的猿猴時期，青春期情緒不穩，象徵著人類演化進入混亂期，成年後身心成熟，代表人類進入文明期。

馮特給人的印象是對結構主義感興趣的元素主義者，實際上，他的心理學研究要比人們普遍認為的寬泛得多，這也是馮特的兒子馬克思‧馮特說「大部分心理學教科書對我父

親的描述不過是一張漫畫而已」的原因。由於馮特的研究非
常嚴格,而且嚴重排他,比如:他反對以任何形式將心理學
用於實際用途,當他最有才幹的學生梅伊曼放棄實驗心理學
轉向教育心理學時,馮特認為他轉向了「敵方」。

　　梅伊曼提出了「實驗教育學」這一概念,主張應該用
實驗的方法來研究兒童的學習和疲勞等問題。作為實驗主義
運動的發起者,梅伊曼對實驗教育學的形成有重要貢獻。不
過,美國學者在實踐方面走得更遠,比如今天在教育中常見
的智力測驗和成績測驗,便是實驗教育學的繼續發展。

第二節
天上的北斗七星 —— 格式塔心理學與格式塔療法

　　馬科斯・韋特墨（Max Wertheimer），1880 年出生在布拉格的猶太家庭，當時，布拉格尚處於奧匈帝國統治時期。父親是一位私立商學院的管理人員，母親是一位業餘的小提琴手。少年時期，韋特墨在布拉格的一所天主教學校讀書，學習希伯來語和猶太教律。10 歲生日時，他收到的禮物是哲學家史賓諾沙（Spinoza）的作品選集，史賓諾沙的哲學思想或多或少影響了韋特墨。

　　後來，他進入布拉格大學學習法律。奧地利意動心理學派的成員克利斯蒂安・馮・厄稜費爾（Christian von Ehrenfels）那時在布拉格大學任教，韋特墨在聽過他的課後印象深刻。1902 年，韋特墨轉學到柏林大學，跟隨卡爾・斯圖姆夫（Carl Stumpf）學習哲學和心理學。1904 年，他進入符茲堡大學，在屈爾佩的指導下寫成論文〈偵察罪犯的語詞聯想方法〉，獲得哲學博士學位。此後六年間，他曾在維也納、柏林、符茲堡、布拉格等地的心理學、生理學機構工作過。他一邊工作，一邊對語詞聯想技術進行實驗，用實驗心理學的方法研究失語症。

1910 年夏季，韋特墨在前往萊茵河度假的車上發現了前人在意的現象 —— 窗外的樹木、小山、建築物似乎在跟著火車一起運動。為什麼會出現這種現象呢？韋特墨決定中止度假，先弄清楚這個問題。他在法蘭克福下車後，買了一個玩具動景器，在旅館房間裡進行實驗。第二天，他將這項研究帶入了法蘭克福大學的舒曼心理研究所，可惜，舒曼也無法解答這個問題。舒曼建議韋特墨自己尋找答案，將他的實驗室和儀器借給了韋特墨。在那裡，舒曼的同事 —— 沃夫岡·科勒（Wolfgang Köhler）和寇特·考夫卡（Kurt Koffka）成了韋特墨的觀察者，後來他們三人一起詮釋格式塔心理學學派的原理。

他們藉助於速示器，將 a、b 兩條發亮的直線先後投射在黑色的背景上。兩條線間隔時間為 200 毫秒或 2,000 毫秒。受試者先看 a 線，後見 b 線，沒有看到運動；當時間間隔變短，如 30 毫秒時，受試者看到兩條線同時呈現，但沒有看見運動；當時間間隔在兩者之間，如 60 毫秒時，受試者報告稱，a 線向 b 線移動，或只看見運動，沒有看見線。這種現象就是似動。似動原理在生活中最普遍的應用就是電影。膠片上的圖像都是靜止的，由於兩張膠片先後出現的時間間隔較短，給人一種運動的錯覺，觀眾就可以看到螢幕上活動的人物了。

　　在韋特墨之前，已經有人研究過似動現象。不過，前輩心理學家對似動的解釋各有不同：有些人認為是眼球運動造成的；有些人認為是由於後像的混合；有些人則認定是由於聯想，某些感覺元素先出現，當這些元素綜合起來，就構成了運動知覺。

　　韋特墨利用實驗心理學將這些現象一一排除。實驗證明，眼球運動時間至少需要 130 毫秒以上，60 毫秒內不可能產生眼動。由於眼球沒有運動，後像混合說也不能成立。根據受試者的報告，他們觀察到的現象是，一條線在移動，或者只看到移動看不到線，是兩條線產生的運動的知覺。因此，韋特墨認定，這種運動知覺是一個格式塔，不能解釋為感覺元素的聯合。

　　後來，三人將他們觀察到的似動現象，即把一個實際上靜止的刺激知覺成一種特殊的運動形式，以及四處搜集到的支持自己觀點的研究總結成研究成果發表，即 1912 年發表的論文〈關於運動知覺的實驗的研究〉。由於其影響巨大，被看作是格式塔心理學誕生的象徵。

　　「格式塔」是德文「Gestalt」一詞的音譯，意思為「形式」、「形狀」，是指動態的整體（dynamic wholes），在心理學中用這個詞表示的是任何一種被分離的整體，因此，格式塔心理學也被譯為完形心理學。根據格式塔心理學家的觀

點，對日常世界的知覺被人們主動地組織成一個整體，就像夜空中的北斗七星。

韋特墨採取了埃德蒙德・胡塞爾（Edmund Husserl）現象學的觀點，主張在觀察心理學現象時保持現象的本來面目，不要將它拆分為感覺元素，現象的經驗是一個整體。由於格式塔體系最初是在柏林大學的實驗室完成的，因此也被稱為柏林學派，人物包括韋特墨、科勒、考夫卡。

1912 年，對於馮特的結構主義心理學來說，是一個到處都是挑戰的年頭。在美國，行為主義對結構主義猛烈抨擊，與此同時，在德國，格式塔心理學也開始討伐結構主義。為此，結構主義譏諷韋特墨等人說，格式塔心理學不過是「磚塊和灰泥心理學」 —— 用如同灰泥的聯想過程將心理元素的磚塊黏合起來，構成心理大廈。開始時，行為主義和格式塔「同仇敵愾」，到後來，他們也互相對立起來。根本分歧在於，行為主義完全不討論意識，甚至不承認意識的存在；格式塔承認意識的價值，但是不同意將意識分解為元素。

心理學家喬治・阿米蒂奇・米勒（George Armitage Miller）曾經舉過一個例子，用來說明格式塔心理學和結構主義之間的區別：當你走進心理學實驗室，桌子上放著一本書，結構主義心理學家會說「它的封面是一個暗紅色的平行四邊形，下面有一條灰白色的邊，再下面是一條暗紅色的細線」；

格式塔心理學家則會說：「那是一本書，是直接得到、不容置疑的知覺事實。任何人在應該看見書的地方看見了暗紅色的斑點，那麼他是一個病人。」

一戰期間，韋特墨在軍隊進行聲源檢聽的設計研究，戰爭結束後，他來到柏林大學，後來出任法蘭克福大學心理學系主任。1933 年，韋特墨被撤銷了大學職務，被驅逐出德國，他帶著家人遷居捷克斯洛伐克，在英國謀職未果，後來定居美國，在被稱為流亡大學的紐約社會研究新學院工作 —— 這所研究機構收納了 170 多位來自法國的學者、科學家和他們的家人。

韋特墨一生的著作不多，但是對格式塔心理學的發展有很大影響，「格式塔心理學」這一術語就是他首創的。他從直觀的角度、從整體到部分來理解心理現象，並且將整體結構的動態屬性看作是心理現象的本質。他還試圖用動態交互作用解釋神經活動和知覺間的關係。在最後十年中，韋特墨將完形理論拓寬到許多新的領域中。

格式塔心理學三劍客之一的考夫卡隨後也移居美國，加入史密斯學院。在接管柏林大學心理學研究所十年後，科勒開始為了反納粹而鬥爭，他寫文章批判納粹的統治，在公開場合發表他反對國家社會主義的觀點。1933 年，他到哈佛大學演講，哈佛的哲學家們希望他能夠留任，但遭到了心理學

系主任波林的反對 ── 明斯特伯格的錯誤不應該再次發生。
1935 年，科勒被命令發誓效忠希特勒，他選擇了拒絕，遂辭
去教職，開始了他的流亡生涯。

　　由似動現象，格式塔心理學家們認為，心理現象未必反
映物理刺激的事實；物理刺激是客觀存在，而心理現象則
是經由個人對之加以選擇與組織後的反應，也即「客觀的
主觀」。格式塔心理學很重視心理學實驗，他們在知覺、學
習、思維等方面開展了大量的實驗研究，這些研究也為後來
的認知心理學的發展奠定了基礎。

　　格式塔心理學主要研究知覺和意識，探究知覺、意識的
心理組織歷程。格式塔學派認為，心理意識活動都是先驗的
完形，是先於人的經驗而存在的。人所知覺的外界事物和運
動都是完形的作用。格式塔學派主張人腦的運作原理是整體
的，「整體不同於其部件的總和」。比如：人們對一朵花的感
知，並非單單從對花的形狀、顏色、大小等感官資訊而來，
還包括我們對花過去的經驗和印象，加起來才是我們對一朵
花的感知。

　　作為格式塔心理學派的代表之一，考夫卡在他的《格式
塔心理學原理》（*Principles of Gestalt Psychology*）一書中提
出了「心物場」（psychophysical field）和「同型論」（iso-
morphism）的概念。他認為，觀察者知覺現實的觀念是心理

場（psychological field），被知覺的現實是物理場（physical field）。心理場和物理場並不是一一對應的關係，人的心理活動則是兩者結合的結果。

格式塔療法並不是格式塔心理學家們開創出來，用於心理學治療的方法。相反，是一個和格式塔心理學沒有什麼關係的人發展的心理治療方法。這個人就是弗里茨‧皮爾斯（Fritz Perls）。1893 年，皮爾斯出生在德國柏林一個中產階層猶太家庭，他是三個孩子中最小的一個。

皮爾斯小時候給父母惹了不少麻煩。上中學時，他兩次留級，後來還因為不服管教被學校開除。1913 年，皮爾斯進入弗萊堡大學學習法律，後轉學醫學。一戰爆發後，他成了一名醫療志願者。從戰場上回來後，獲得柏林大學精神病學的醫學博士學位。1926 年，皮爾斯進入法蘭克福腦損傷士兵研究所，擔任科特‧戈德斯坦（Kurt Goldstein）的助手。

戈德斯坦是著名的神經病學家，也是人本主義心理學的先驅，這座研究所就是他建立的，主要進行腦損傷後遺症的研究。受戈德斯坦的影響，皮爾斯從整體的觀點來看待腦損傷的士兵，研究士兵對自己和環境的知覺，他將人看作是一個整體，而不是各部分各自發揮功能的總和。在那裡，他還遇到了人生中有重要意義的人 —— 蘿拉‧波斯納（Laura Posner），他未來的妻子，一個接觸過格式塔心理學的心理學家。

1933 年，隨著納粹的興起和希特勒上臺，皮爾斯的家庭受到迫害。他的大姐在集中營中喪生。後來皮爾斯離開德國前往荷蘭，一年後移居南非。在那裡，他結識了《整體說和演化》（*Holism and Evolution*）一書的作者史末資（Jan Smuts），此人對皮爾斯也有影響。在南非居住 12 年後，皮爾斯最終移居美國。

1952 年，他和古德曼、妻子蘿拉共同創辦了紐約格式塔治療研究所。此後，他不斷出訪不同的國家和城市，分別在邁阿密、舊金山、洛杉磯、以色列、日本和加拿大等地建立格式塔治療培訓中心。皮爾斯對心理學最大的貢獻就是發展出一種新的心理治療方法 —— 格式塔療法 —— 一種非解釋性、非分析性的心理治療方法。

格式塔療法，又稱為完形治療法，主要透過病人對自己的觀察和體悟，進行自我治療。在格式塔療法中，「覺察」、「責任」、「自由選擇」構成一個三角關係。覺察力越強，自由的可能性就越大，同時越能為自己做的選擇負責。這種說法有些存在主義的味道，但又不完全如此，其他一些名詞，如「投射」、「內化」、「壓抑」等，則是來自精神分析。

可以說，格式塔療法受許多學派的影響。拿精神分析來說，佛洛伊德將人看作機械的、功能性的，皮爾斯則強調從整體的觀點看人格，人的每一部分都和整體聯結；其次，佛

洛伊德只關注個體在兒童時期被壓抑的心理衝突，皮爾斯則強調個體目前處理的情境。如果以了解自我為目的，了解一個人現在如何表現，要比注意他為什麼這樣更重要。

格式塔療法強調完形。皮爾斯認為，人類最大的問題就是將自己分割得支離破碎。在這種破碎的狀況下生活，就會生出許多矛盾、衝突和痛苦。格式塔療法看重人的整體性，極力促使來訪者達到情緒、認知和行為方面的整合。在人性方面，格式塔療法強調接納真實的自己，不受他人期待、判斷和曲解的操縱，以自己所想的、所要的表達自己。

格式塔療法的核心是自我覺察，包括對自我的覺察、對環境的覺察、對自我與環境互動間的覺察。個體是具有自我調整能力的，一個人如果能夠充分覺察自己，感覺到自己正在做什麼，感覺到自己的思想、動作等，必然會發生改變。也就是說，覺察本身就具有治療的效果。

受存在主義觀點影響，皮爾斯認為，過去的已經過去，未來尚未到來，只有此時此刻是存在的，只有此時此刻最重要。留戀過去的人就會逃避體驗現在，因此，當接待來訪者時，他經常問「what」和「how」，很少問「why」。不停地追問原因只會讓來訪者對過去進行合理化解釋，甚至自我欺騙。

格式塔療法主張，透過知覺此時此刻的身體狀況，認識到被壓抑的情緒和需要，將人格中分裂的部分整合起來，改

善不良的適應。他曾經記錄了一個治療小組的進展情況，其中一位名叫卡爾的成員說起他反覆出現的夢：他夢見自己被半埋在沙漠中，月亮從天空照下來，火車就從他身邊穿過沙漠。夢中的他聽到了火車的汽笛聲，看到車廂向著遠方無限伸展。此時他非常害怕，覺得自己要死了。

皮爾斯用他的格式塔療法對卡爾進行了治療。他請卡爾參加精神劇院，將他在夢中見到的場景表演出來。首先，他變成了一片沙漠，後來他又扮演火車，最後扮演鐵軌。沙漠讓他感覺到死亡，駛向遠方的火車讓他感覺沒有目的地，沒有家，躺在地上的鐵軌讓他感覺生命正在消逝。

當卡爾在皮爾斯的指導下編出火車和鐵軌的對話時，卡爾想起了他的母親。原來，他的母親對他非常嚴厲，約束著他，使他不敢表露出最真實的性格。夢的資訊在這時得以顯露，卡爾想要母親接受這樣的自己，讓他過自己的生活，同時，他想要離開母親，發揮自己的本性。按照皮爾斯的說法，夢境本身已經說明卡爾準備掙脫母親的束縛，格式塔療法只是幫他尋找獨立的意志力。這種治療頗有精神分析的色彩。

格式塔療法雖然經常被認為起源於格式塔心理學，實際上，兩者的關係微乎其微。格式塔治療的方法發表於 1951 年的《格式塔治療：人格中的興奮與成長》（*Gestalt Therapy:*

Excitement and Growth in the Human）一書，書的三位作者皮爾斯、拉爾夫·赫夫林（Ralph Hefferline）和保羅·古德曼（Paul Goodman）都沒有格式塔心理學的背景。皮爾斯是一位神經病學家，赫夫林是行為主義學派的心理學家，屬於史金納派，古德曼則是一位詩人、劇作家和社會評論家。

不過，皮爾斯喜歡使用頓悟、閉合等格式塔心理學的術語，他宣稱格式塔療法和格式塔心理學之間有歷史淵源，不過很快就遭到反對，他本人也從來沒有被格式塔心理學家接納 —— 他曾經將一本關於格式塔療法的小冊子樣稿送給科勒，沒有得到科勒的承認。他還將這本書獻給了韋特墨，可惜韋特墨生前並沒有看到。不過有人猜測，幸好韋特墨沒有看到，否則他會勃然大怒的。

一位格式塔心理學的繼承者批評皮爾斯說，他不過是從格式塔心理學那裡拿了幾個術語，然後將含義扭曲，和存在主義、精神分析等結合起來，形成含糊不清、互不相容的內容，再給它起個名字叫格式塔療法。「格式塔療法」，這本身就是一個容易引起誤解的題目。當然，也有人不是像科勒那樣對皮爾斯的做法提出了尖銳的批評，而是給予了相對溫和的評價 —— 格式塔心理學和格式塔療法都對知覺感興趣，格式塔心理學對後來的認知科學產生了奠基作用，格式塔療法也影響了後來以經驗為基礎的心理學治療觀念。

第三節

打開潛意識的大門 —— 精神分析學派

　　提到精神分析，必然要先從佛洛伊德說起。佛洛伊德是精神分析學派的創始人，同時還是一位思想家，他對西方思想和文化的影響是無法取代的。時至今日，哪個國家的人都能隨口說出「潛意識」、「童年經驗」之類的精神分析術語，自由聯想、催眠、釋夢也成為經典的心理療法之一，而這一切，都來自佛洛伊德。

　　西格蒙德・佛洛伊德（Sigmund Freud），出生在奧地利一個猶太人家庭，4 歲時全家遷往維也納，在那裡，佛洛伊德求學、娶妻、生子，生活了八十多年，一直到 1938 年，由於德國納粹的入侵而不得不避難倫敦。

　　17 歲，佛洛伊德考入維也納大學醫學院，大學期間，他曾經做過弗朗茲・布倫塔諾（Franz Brentano）和恩斯特・布呂克（Ernst Wilhelm von Brücke）的學生，他將時間都花費在學習生物學、醫學、病理學、外科手術等課程上。1881年，他如願獲得醫學博士學位，之後打算進入大學從事神經醫學的研究，可惜因為猶太人的身分未能如願，只好在布呂克的實驗室裡從事理論研究。

　　1882 年，佛洛伊德愛上了他妹妹的朋友瑪莎‧伯萊斯。伯萊斯比佛洛伊德小 5 歲，出身漢堡一個頗有名望的猶太家庭，當時也居住在維也納。他們很快訂婚，因為佛洛伊德當時沒有實際的收入，他們的婚期只能一拖再拖。佛洛伊德覺得自己不能繼續待在實驗室做理論研究，而應該做一些實際的工作，後來，在布呂克的建議下，他離開了生理實驗室，進入維也納綜合醫院工作，在那裡，他先後做過外科醫生、內科實習醫生，於 1883 年轉到精神病治療所任副醫師。

　　1885 年，在布呂克的推薦下，佛洛伊德獲得一筆留學獎學金，他得以前往巴黎跟沙可學習催眠。當時，歐洲用催眠治療精神病最有名望的兩人，一個是讓－馬丁‧沙可（Jean-Martin Charcot），一個是伊波利特‧伯恩海姆（Hippolyte Bernheim），他們分別是巴黎學派和南錫學派的領導人。佛洛伊德在巴黎學習了四個半月，這段時間成為他一生事業的轉捩點。

　　沙可的歇斯底里症研究讓佛洛伊德的興趣從軀體轉到了心理，回到維也納後，他將巴黎見聞寫成報告提交給醫學協會，可惜受到冷落。這是佛洛伊德的研究第一次被忽視，卻不是最後一次，他此後的工作在很長時間裡都遭遇了相同的命運。1886 年，他終於能夠和瑪莎‧伯萊斯結婚，兩人婚後育有三男三女，最小的女兒安娜‧佛洛伊德（Anna Freud）

後來也成為著名的心理學家。結婚不久，由於經濟原因，佛洛伊德以神經病學家的身分私人執業。

在維也納綜合醫院期間，佛洛伊德曾經跟隨約瑟夫・布羅伊爾（Josef Breuer）學習催眠療法，他們合作治療了一名叫安娜・歐的歇斯底里症患者。從布羅伊爾那裡，他學會了宣洩療法。後來他去巴黎，還曾向沙可提到過他和布羅伊爾診治的那位安娜・歐小姐，提到了讓病人在催眠中恢復痛苦記憶的宣洩療法，不過沒有引起沙可的注意。佛洛伊德獨立行醫之後，嘗試著對歇斯底里症病人使用催眠療法，效果不甚明顯。1889 年，他前往南錫，向與沙可齊名的催眠專家波恩海姆求教，當時，他正在使用布羅伊爾的宣洩法治療病人。

三年後，佛洛伊德透過觀察病人痛苦的記憶，發現痛苦記憶中占主要地位的是那些無法實現的願望，於是，他提出了「壓抑」這個概念，這是精神分析學派中一個非常重要的術語。1895 年，他和布羅伊爾合著了《歇斯底里研究》（*Studies on Hysteria*），這是一本劃時代的著作，此時，他已經放棄催眠術，使用「自由聯想」法。

在治療病人的同時，他將研究結果寫成論文向醫學團體宣讀，可是反應依舊非常冷淡，人們將他看作怪人。1900年，佛洛伊德發表了《夢的解析》（*The Interpretation of*

Dreams）。這本書探討了過去人們討論過的夢境問題以及形成夢的複雜機制。壓抑、濃縮、移位、倒錯、潤飾等詞語頻繁出現在這本書中，他認為心理動力來自那些不能實現的願望、欲望或衝動。

《夢的解析》發表後的 5 年間，佛洛伊德很少寫作。1904 年，他出版了《日常生活的精神病理學》（*The Psycho-pathology of Everyday Life*），這是他所有著作中流傳最廣的一部。這本書探討了生活中常見錯誤背後的心理機制，比如遺忘、失言、筆誤、錯放東西等等。佛洛伊德的一些觀點今天已經被人們廣泛接受。

1905 年，他出版了三本重要的著作，分別是篇幅較長的《朵拉的分析》（*Fragment of an Analysis of a Case of Hysteria*），研究無意識動機表現機制的《詼諧及其與無意識的關係》（*Jokes and Their Relation to the Unconscious*）和最具爭議的《性學三論》（*Three Essays on the Theory of Sexuality*）。《性學三論》裡論述了許多新奇但又駭人聽聞的理論，比如：他將成人性變態看作是幼兒性作用的畸形產物。多年備受冷落的佛洛伊德終於憑藉這本書引來了眾人的關注，不過，人們回饋給他的是強烈的憤慨、譴責和嘲笑。終於，他成為各國科學界都不歡迎的人，往後多年，他繼續遭受各種辱罵和攻擊，就像之前所有時代的先驅者一樣。

　　佛洛伊德內心也很鬱悶，但他沒有浪費時間和不同意見者打筆墨官司，他的回應態度和達爾文一樣 —— 不斷拿出新的證據。1906 年，《精神分析運動史》（*The History of the Psychoanalytic Movement*）出版。佛洛伊德用這本書說明了他和阿德勒、榮格等人所提理論的區別。

　　從 1885 年到 1910 年，是佛洛伊德事業的高峰期。他將性動力放入了歇斯底里症研究當中，同時發現了通往潛意識的康莊大道 —— 夢境。進入 20 世紀後，他還發展了自己的人格理論，提出了最具爭議的伊底帕斯（戀母）情結和厄勒克特拉（戀父）情結。這些理論和研究的頻頻發表吸引了無數的追隨者，這些人將佛洛伊德看作老師和先知。1902 年，佛洛伊德定期邀請年輕的同事和朋友探討正在從事的研究，他們稱這個團體為「星期三心理學研究組」，這就是維也納精神分析協會的前身，這些人當中包括阿德勒和威廉·史德喀爾（Wilhelm Stekel）。

　　慢慢地，佛洛伊德的名聲越來越大，他被邀請到克拉克大學演講，許多美國病人慕名而來要求由他治療。雖然在一戰期間，食物減少、缺乏暖氣供應和生活上的其他麻煩，讓佛洛伊德遭遇了很大的困苦，戰後奧地利幣的貶值使他的積蓄喪失殆盡，迫使他不得不奮力抗爭，避免破產。但總體來說，他終於等到了世人對他的肯定。

1923 年春天，佛洛伊德患上了口腔癌。10 月，他做了一次手術，上顎的一邊被全部切除，他不得不安裝又大又複雜的假牙。此後 16 年間，佛洛伊德因為這個病吃了不少苦頭，歷經 33 次手術，無數次痛苦的治療。他繼續寫作的計畫沒有因為疾病而中斷，1925 年後，他先後出版了《抑制、症狀和焦慮》（*Inhibitions, Symptoms and Anxiety*）、《一個幻覺的未來》（*The Future of an Illusion*）、《文明及其不滿》（*Civilization and Its Discontents*）等。

然而，當納粹興起時，一切變得不再樂觀。佛洛伊德曾經相信，德國人完全可以遏制納粹運動，他的理由是：一個產生歌德的民族是不可能墮落的。事實證明他太樂觀了。1933 年，納粹黨人開始迫害猶太人，佛洛伊德的研究工作受到打擊。德國許多支持他的人被迫逃亡，他的著作也在柏林被當眾焚燒。

他曾經為了出版精神分析學派的書籍開辦一家公司，此時，公司的大部分存書在萊比錫被沒收，在德國的銷路完全斷絕。佛洛伊德一直堅持到 1938 年，德國入侵奧地利。納粹燒毀了他的私人圖書館和維也納精神分析學協會的圖書館，這時，佛洛伊德還不忘開玩笑說，「如果在中世紀，他們會把我燒掉，如今他們燒掉我的書就滿足了」。後來，出版公司的房產被納粹沒收，他本人也不得不像其他猶太人一樣，要麼逃走，要麼等待厄運臨頭。

佛洛伊德本不想離開，關鍵時刻，歐內斯特·瓊斯（Ernest Charles Jones）——英國憲章運動左翼領袖之一，佛洛伊德的傳記作者——來到了維也納，勸他遷居英國，當時，英國的內務大臣也準備為他和他的家人提供幫助。在倫敦短暫停留後，佛洛伊德搬到了漢普斯特德的瑪瑞斯菲爾德花園（Maresfield Gardens）20號，他最後的日子就是在這裡度過的。

在英國，他接受了最後一次手術，也是最大的一次，第二年，他的癌症復發，而且已經無法繼續手術了。佛洛伊德最後在倫敦去世，去世之前的一個月，他的生活依然是撰寫文章，接待來訪者。佛洛伊德去世後，他的女兒安娜一直住在這棟房子裡，直到去世，根據安娜的遺願，這幢房子被改造成博物館對公眾開放。

在佛洛伊德博物館，後人可以看到一個更加真實的佛洛伊德。通常人們從照片上識別佛洛伊德，然而，照片中的他一臉嚴肅、表情凝重，不苟言笑，給人一種拒人於千里之外的感覺。實際上，他是一個非常幽默、非常機智的人。他經常將心理學觀點帶到故事中，他在《詼諧及其與無意識的關係》中寫了這樣一則故事：醫生問一個年輕病人：「病情是否和手淫有關係？」病人一定會回答說：「O，na，nie！（呵，不，從沒有。）」在德語中，onanie 就是「手淫」的意思。

　　阿爾弗雷德·阿德勒（Alfred Adler），出生在維也納郊區一個中產階級家庭，猶太人。阿德勒的童年生活並不快樂，而是籠罩在濃重的死亡陰影下。阿德勒自小就患有軟骨病，導致他 4 歲才學會走路。身體無法活動自如，也不能參加體育活動，5 歲時，他因車禍被軋傷，並再次遭遇疾病侵襲，險些喪命。在身體健康的哥哥面前，阿德勒感到自慚形穢，樣樣都比不上他。

　　童年的經歷讓阿德勒形成了做醫生的信念，儘管剛進入學校讀書時，他的成績很差，不被老師看好，他最終還是考入了維也納大學，獲得了醫學博士學位，成為一名眼科和內科醫生。很快，他開始對心理學以及精神病理學產生興趣。佛洛伊德的《夢的解析》出版後，阿德勒閱讀了這本書，並對佛洛伊德的理論產生興趣。《夢的解析》一書當時備受詬病，阿德勒因為在報刊上撰寫文章為佛洛伊德辯護，被佛洛伊德邀請到「星期三心理學研究組」，成為佛洛伊德的同事之一。

　　阿德勒智力出眾，又頗得佛洛伊德的信任，「星期三心理學研究組」正式成為維也納精神分析協會後，阿德勒被佛洛伊德推薦接替他的職位，並負責該會會刊的編務工作。好景不長，阿德勒和佛洛伊德的關係很快出現了裂隙，不僅因為佛洛伊德將阿德勒看作是自己的弟子、門徒，不能忍受他

忤逆自己的行為，而阿德勒只是將佛洛伊德當作同事，根本原因在於他們對心理學的不同觀點。

　　阿德勒在報刊上發表與佛洛伊德意見相悖的論文後，佛洛伊德大發雷霆，當阿德勒不斷闡述自己的觀點，逐漸建立起獨立的心理學體系時，兩人之間的矛盾徹底激化。最終，阿德勒辭去了維也納精神分析協會的主席職位，帶著他的追隨者成立了「自由精神分析研究會」。為了避免因使用「精神分析」這一名詞可能引起的誤會，該組織後來改名為「個體心理學學會」，後人則將阿德勒的心理學體系稱為「個體心理學」。後來，阿德勒將自己的理論和兒童教育結合起來，在維也納三十多所中學開辦了兒童指導診所，這些診所為他贏得了國際聲譽。

　　阿德勒和佛洛伊德的不同理念來自多個方面。首先，阿德勒無法認同佛洛伊德的泛性論，在他看來，人格發展的動力並非來自性衝動，而是來自戰勝自卑和追求優越。他認為，每個人在幼兒時期都會形成一種生活模式，根據這種模式形成生活目標，也可以說是心理發展的方向。每個人的生活模式不同，因此每個人的生活目標也不同，方向也不同，心理學研究的便是每個人的特殊心理經驗。

　　人格發展的方向可能是一條直線，也可以出現轉折或改道。人格按照直線發展，兒童成年後便會進取、勇敢，比較

樂觀；如果出現轉折或改道，人格發展就會出現另外一種情況。於是，阿德勒將人分成兩種，樂觀主義者和悲觀主義者，或者稱為攻擊者和防衛者。直線模式發展出樂觀主義者，曲折、改道的模式發展出悲觀主義者。此外，由於童年經驗形成的自卑情結，也會導致悲觀主義者。阿德勒將睡眠也看成是個人發展的標準，一個人會因為害怕危險發生而睡得不安穩，這種人對睡眠都抱著敵視的態度，顯然是悲觀主義者。

人的自卑是與生俱來的，人在嬰幼兒時期，生理、心理、社會方面都處於劣勢，只能依賴成年人生存，由此必然產生自卑感。大多數情況下，這種自卑都是正常的反應，可以驅使人實現自己的潛能。自卑促使人們去克服自卑，追求成功，是人格發展的動力。如果被自卑壓倒，就會產生自卑情結，導致心理疾病的產生，如精神官能症。

追求優越是對自卑感的補償。追求優越有兩種不同方法，一種人只追求個人優越，很少關心他人；另一種人則追求優越、完善的社會，力求每個人都獲得益處。追求優越也是兩面的，適當地追求，可以促進個人發展，對社會有益；如果過分追求，就容易走極端，產生優越情緒，表現出自我中心、自負、忽視別人和社會習俗。

個人追求優越目標的生活方式便是生活風格。兒童在 5

歲左右就形成了生活風格，並且因人而異，其後的家庭關
係、生活條件和經驗會決定兒童一生的生活特點。從以下三
個方面可以理解一個人的生活風格。

第一是出生順序。在家庭中，父母的教養方式、關注多
寡會根據孩子的出生順序而不同，同胞兄弟姐妹會為了爭取
父母的注意而競爭，通常情況下，長子聰明、有成就需求，
但是害怕競爭；次子有強烈的反抗性；最小的孩子懶散，難
以實現抱負。獨生子女的性格和長子類似。第二是早期記
憶。個體對早年生活的記憶能幫助人們了解其個性。此外，
夢境和社會興趣也會看出一個人的生活風格。

社會興趣，這是阿德勒衡量一個人心理是否健康的標
準。社會興趣是人性中的一部分，是指個體對所有社會成員
的感情，表現為個體並非為了個人利益與他人合作。個體社
會興趣的發展情況，可以從職業、參與社會活動、愛情婚姻
三個方面來衡量。缺乏社會興趣的人會產生錯誤的生活風
格，一是優越情結，二是自卑情結。

根據社會興趣表現出來的特點，阿德勒將人分成四種類
型：統治－支配型；索取－依賴型；迴避型和社會利益型。

◎ 支配－統治型的人喜歡支配和統治別人，缺乏社會意
　識，很少顧及別人的利益，為了達到自己的目的，不惜
　利用或者傷害別人。

◎ 索取型的人相對被動，很少主動努力解決自己的問題，依賴別人的照顧。

◎ 迴避型的人缺乏解決問題的信心，不願意面對生活中的問題，試圖透過迴避困難來避免失敗。他們關注自己，愛幻想，在幻想的世界裡感到優越。

◎ 社會利益型的人能夠面對生活，與人合作，為他人和社會服務貢獻自己的力量。這類人通常來自關係良好的家庭，家庭成員互相幫助、支持，人與人之間互相理解和尊重。

這四種類型中，只有社會利益型的人具有正確的社會興趣和健康的生活風格。

生活風格和自卑感有密切連繫，如果兒童有生理上的缺陷，或者主觀上有自卑感，他的生活風格就會趨向於補償這種缺陷或自卑感。比如身體羸弱的兒童，就會透過跑步、舉重等方式增強體能，這些行為就成為他生活風格的一部分。

不良生活風格也是有源可尋的。生理上的自卑會激起補償的努力，極端的時候會出現過度補償的情況，同時也會導致自卑情緒。被自卑壓倒的人不能追求成就，往往一事無成。父母過分寵愛、溺愛的兒童容易變得自私，缺乏社會興趣。被父親忽視的兒童則感到自己沒有價值，同時以憤怒、懷疑的眼光看待別人。

個體心理學以臨床觀察的經驗為基礎，拋棄了佛洛伊德的泛性論，可謂是一大進步，不過，它也不是沒有局限。個體心理學理論體系中非理性的成分多一些，對人的社會性看得比較淺薄、主觀而片面，不過，阿德勒從社會學的角度看待心理學，同時提出了整體研究的方法，對心理學發展有重要貢獻。

如今，精神分析或佛洛伊德已經家喻戶曉，然而，分析心理學與卡爾・榮格（Carl Gustav Jung）對大多數人來說依然是一個神祕而陌生的名字。或許有人聽過「性格決定命運」這句話，卻不一定知道說這句話的人正是榮格。

在現代心理學中，分析心理學和精神分析齊名，而且被看作是對佛洛伊德經典精神分析的超越。尤其是近年來，分析心理學成為後現代心理學的先鋒，現代心理療法中的藝術治療、遊戲治療，如果要追溯思想根源，都可以追溯到分析心理學的理論。

榮格是一位來自瑞士的心理學家，和阿德勒一樣，榮格也是在看了佛洛伊德的《夢的解析》之後對精神分析感興趣的。他和佛洛伊德的第一次會面是令人難忘的。他們在維也納見面，或許是相見恨晚的緣故，兩人足足交談了 13 個小時。佛洛伊德很器重他，希望這個「親愛的兒子」能夠繼承他的事業 —— 佛洛伊德這種如父親般的權威的確讓很多人都

受不了，榮格最終和佛洛伊德決裂，一方面由於學說分歧，另一方面則是不想繼續當一個聽話的孩子，毫無獨立見解地接受佛洛伊德的理論。

和佛洛伊德決裂對榮格來說是一個很大的打擊，為此他憂鬱多年，嚴重時曾在家中見到幻象。這期間他到處旅行，閱讀大量書籍，其中包括中國古典文化典籍，如道家的《太乙金華宗旨》、《慧命經》、《易經》，藏傳佛教的《中陰聞教救度大法》以及禪宗。此外，他還著迷於西方的煉金術。在中國的道教、禪宗和西方的煉金術之間，榮格找到了自我與無意識之間的關係，最終，他的思想結晶匯總到《心理類型》（*Psychologische Typen*）一書中。

《心理類型》中論述的觀點既不同於佛洛伊德，和阿德勒也沒有共通之處。慢慢地，他將所有的理論匯總，逐漸形成了區別於經典精神分析的分析心理學。榮格將人格稱為「心靈」，心理學則是研究心靈的知識。心靈包含人所有的一切有意識、無意識的思想、情感和行為。作為整體的人格則是由意識、個體無意識、集體無意識三個層次構成的。

榮格認為，人的心靈包含有意識的自我和無意識。有意識的自我是靠自己而連續發展的。但自我只是整體心靈的一部分，無意識才更有影響力。如果有意識的自我和無意識相矛盾，就會產生精神病症，如恐懼症、戀物癖或憂鬱症。此

外，無意識又分為個人無意識和集體無意識。

　　個人無意識包括個體的情結 —— 一切被遺忘的記憶、知覺以及被壓抑的經驗。它形成於嬰兒、幼兒時期。個體無意識會以「情結」的方式表現出來。情結就像是一組一組難以解開的心理叢，它會頑固地占據人的心靈，使個體無法思考其他事情，通常本人無法意識到。

　　榮格曾經用語詞聯想的方法來測驗情緒的生理表現。將詞彙表上的詞彙一次一個地讀給病人聽，要求病人在聽到打動自己的詞時做出反應。如果病人猶豫不決，花了很長時間才做出反應，或者他在做出反應時流露出某種情緒，證明那個詞已經觸及病人的情結。

　　集體無意識則是人類在千百年來的發展中留下的共同的特徵，這也是榮格最偉大的發現。集體無意識是一種與生俱來的知覺、情感、行為等心理要素，推動個體和社會文明的發展。集體無意識透過原型構成，以原始意象的方式表達。

　　人從人類祖先、前人類祖先和動物祖先那裡繼承了原始意象，本人並不一定意識到這些意象的存在，但是在做出反應時，會和祖先使用同樣的方式，如人類對蛇和黑暗的恐懼。人類之所以會害怕蛇和黑暗，正是由於遠古時期或者更早些時候，人類始祖就害怕牠們，演化到今天的人類不需要親身體驗，就會對蛇和黑暗產生恐懼，是因為這些經驗已經

歷經千萬年,深深刻在大腦中了。當然,親身體驗過後,則會加強這種先天傾向。

榮格有關集體無意識的說法引來了許多批評。原因在於,他採用了獲得性遺傳理論作為論證的基礎。獲得性遺傳理論認為,前人學習過的經驗,後代可以透過遺傳直接獲得,不需要重新學習,這一經驗會逐漸轉變為本能。比如說,人類對蛇和黑暗的恐懼,正是透過一代人或幾代人的學習後,直接遺傳給後代的。

其實,他本可以採用一個更合理的途徑來解釋集體無意識。人類的演化是透過遺傳物質的變異完成的,那些有利於個體適應環境,增強生存機會的變異更容易傳遞下去;相反,不利於適應環境、繁衍的變異則會被淘汰。集體無意識也可以如此。

當人類始祖被毒蛇傷害時,他對毒蛇的恐懼就會在大腦中產生「小心警惕」的變異,這種基因會透過遺傳傳遞給後代,經過數代的傳遞,這種變異屢次被證明是有利於人類生存和繁衍的,於是,對蛇和黑暗的恐懼以基因的方式傳遞下來。由於大腦是人類心靈世界的最重要器官,可以說,集體無意識的產生依賴大腦的演化。

榮格在心理治療中發現,由於患者年齡不同,其心理疾病的原因和症狀都有差異。於是,他提出了人的心理發展階

段，將人生劃分為童年時期、青年時期、中年時期和老年時期。在人格發展方面，榮格則提出了內傾（內向）型和外傾（外向）型兩種心理類型，內傾的人其心靈的能量向內走，而且是主觀的；外傾的人其心靈能量向外走，與他人建立關係。內傾的人比較容易患上精神分裂症，外傾的人則容易患上躁鬱症。

他將外傾、內傾與思維、情感、感覺、直覺相匹配，提出了八種人格類型，即外傾思維型、內傾思維型、外傾情感型、內傾情感型、外傾感覺型、內傾感覺型、外傾直覺型、內傾直覺型。這種分類方法後來成為邁爾斯－布里格斯性格分類法（MBTI）的理論基礎。美國心理學家凱薩琳·布里格斯（Katharine Cook Briggs）和她的女兒伊莎貝爾·邁爾斯（Isabel Briggs Myers）在榮格的基礎上對人的性格進行了進一步細分，共 16 種類型：心理能力的走向是外向還是內向；認識外在世界的方法感覺還是直覺；依賴什麼方式做決定，理性還是情感；生活方式和處事態度是判斷還是理解。

晚年時，榮格花了大量的時間研究亞伯拉罕諸教。他在著作《答約伯》（*Answer to Job*）中批判猶太教、基督教。榮格對基督教的強烈批判招來宗教界的反對和批評，他似乎並不在乎。為了解決現代人面臨的精神困境，榮格隱居在蘇黎世湖旁，在一座塔樓式住所中默默思考著。

第四節

意識是適應環境的機能 —— 機能主義心理學

　　機能主義心理學，是第一個產自美國本土的心理學學派 —— 結構主義和格式塔心理學都屬於舶來品。機能主義講究實用，認為意識是機體適應環境，達到生存目的的工具。詹姆斯在《心理學原理》一書中指出「心理學是研究心理生活的科學，研究心理生活的現象及其條件」。不過，詹姆斯沒有建立一個學派系統地闡述機能主義，機能主義心理學創始於約翰‧杜威（John Dewey）—— 一位百科全書式的心理學家。

　　機能主義心理學出現在美國，它的歷史淵源可以追溯到歐洲早期的機能主義。德國的布倫塔諾提出的意動心理學，英國的沃德（James Ward）、司托特（George Frederick Stout）、威廉‧麥獨孤（William McDougall）等反對聯想主義、接受意動心理學思想的心理學家和法國沙可等人，都具有機能主義的傾向。美國的機能主義發端於芝加哥大學，其後在哥倫比亞大學又出現了獨具特色的機能主義。

　　杜威出生於 1859 年，這一年，達爾文發表了他的巨著《物種起源》（*On the Origin of Species*）。父母的家在美國佛

蒙特州，佛蒙特州是新英格蘭地區，那裡的人們承襲了殖民區的傳統精神，人們習慣自治，崇尚自由，篤信民主制度。杜威的父親經營雜貨生意，母親比父親小 20 歲。母親是一位虔誠的基督教徒，受她影響，杜威也篤信上帝。杜威的家庭生活並不寬裕，倒也算得上快樂幸福，父親沒有過高的理想，兒子能夠成為修理工他就很滿意了。母親相對有動力和抱負，正是因為她的堅持，兩個兒子都上了大學。

小時候的杜威有些害羞，算不上絕頂聰明。他很喜歡讀書，常被人稱作書蟲。可能由於大量閱讀的緣故，杜威看起來嚴肅溫和，頭腦邏輯周密。16 歲時，杜威進入佛蒙特大學，他選修了大量古典主義的課程，包括希臘文、拉丁文、解析幾何及微積分等，並且輕鬆獲得好成績。大學課程中，給他最大受益的是最後一年的生物學課程，他從湯瑪斯·亨利·赫胥黎（Thomas Henry Huxley）編著的教材中產生了對演化論和哲學的興趣。

大學畢業後，杜威從事了一段時間教師工作，23 歲那年，他決定將哲學作為自己的終生事業。為了這個目的，在聽說約翰·霍普金斯（Johns Hopkins）準備辦一所研究生大學後，他帶著從伯母那裡借來的錢進入約翰·霍普金斯大學研究生班，跟著霍爾專心學習哲學。1882 年，杜威第一次發表論文，他的三篇論文被刊登在全國唯一的哲學學術論文雜

誌上，這給了他很大的鼓舞。

在霍爾的指導下，杜威完成了博士論文，並獲得哲學博士學位。儘管霍爾是他的導師，兩人的關係卻從來沒有親密過，多年後，有人提議邀請杜威回霍普金斯大學教授哲學，霍爾則認為，杜威根本無法勝任這項工作。

杜威獲得哲學博士後，進入密西根大學任教。在此期間，他撰寫了一些論文和著作，但談不上什麼成功。十年後，他進入芝加哥大學，擔任哲學、心理學和教育學系的系主任。工作的機會讓他將這三者連繫起來，他在那裡發表了被視為心理學經典之作的論文〈心理學中的反射弧概念〉，受達爾文的影響，杜威強調心理和意識的機能。

杜威批評刺激－反應和感覺－觀念這種二分法，他認為，反應和觀念總是發生在某種機能背景下。他用的例子是兒童觸碰燭火，這個例子之前被詹姆斯和約翰·洛克（John Locke）使用過。當兒童看到明亮的火焰時，會伸手觸碰它，感覺到灼燒之後，將手縮回來。行為主義會將縮手行為看作是對刺激的一系列反應，杜威則認為，在兒童看到火焰之前，必然存在一個整體的系列反應，一系列反應結束後，一些反應存留下來。疼痛的體驗讓兒童改變了觸碰火焰的行為，今後，兒童可能再也不會用這種方式做出反應。

此外，杜威在刺激－反應中加入了背景，也就是說，行

為看似是刺激引發的反應，其實還存在背景因素。比如一聲突如其來的巨響會引發圖書館巡邏人員和學生的注意，但是他們會做出不同的反應，因為對於兩種類型的人，或者說兩種情境來說，同一刺激的心理價值是不同的。而且，有些刺激會落到個體的知覺閾限之外，根本不會影響行為。因此說，刺激應該被看作是心理事件，而不僅僅是來自環境的物理能量。

現代心理學的發展都是呈現某一個單獨的領域，並在這一領域中獨立地發展，因此很難出現一個整合的學科。杜威強調各個方面的連繫，具有舉足輕重的作用。杜威不是那些用一種統一的形式來建立學術體系的人，按照他自己的話說，「我似乎是不穩定的和經常變化的，並相繼屈服於許多各式各樣的、甚至是不一致的影響」。他能夠輕鬆地吸收其他人的思想，多種思想在他頭腦中匯總之後呈現出來的結果往往令人難以理解。

在半個世紀的學者生涯中，杜威撰寫了 40 本著作，700多篇論文，涉及的領域包括哲學、教育學、政治學、心理學、社會學、宗教學等，因此，杜威被稱為百科全書式的偉大學者。他並不承認自己是心理學家，但不妨礙他在心理學領域產生的影響。晚年，杜威到哥倫比亞大學教書，直到退休。在那裡他不再研究心理學，而是把心理學的思想應用到

教育和哲學方面，宣揚他的實用主義哲學和教育學思想。

杜威是實用主義哲學的大師，他的哲學名言是「有用即真理」。他的實用主義哲學否定規律的客觀性，只相信人的經驗，認為人的經驗就是真理的尺度。有用的就是真理，沒有用的便是謬誤。

杜威的教育學理論影響很大，被稱為現代教育之父。杜威發現，當時的美國並沒有國家或者州級別的教育政策，教師由政府任命或者是學校當權者的朋友、親戚，他們在看守學校，而非教導學生。教師透過體罰維持秩序，學生只需要坐在課桌旁，等待老師點名就好。學生們像機器人一樣學習規則，絕大多數教師不允許學生提問。

杜威無法忍受這種教育方式，他覺得這種教學無視個人價值和個性的發展，完全抹殺了兒童的潛能，教育的價值應該是充分發揮兒童的智慧，幫助其形成對社會的基本態度。教育不是將來生活的預備，而是兒童當下的生活。最好的教育就是從生活中學習，從經驗中學習。教育並不是用外在的東西強迫兒童吸收，而要使人類與生俱來的能力得以生長。杜威發展了盧梭的「自然生長」理論，認為生長不僅包括體格方面，還包括智力和道德方面。生長是一個整體，因此，教育不應當劃分小學、中學、大學，同時，課程也是一個整體，不應該分科教學，而應該將課程綜合起來。

他反對傳統的知識灌輸和機械訓練的教育方法，主張讓孩子從實踐中學習。他提出了教育即生活，學校即社會的口號，強調個人的發展、對外部的理解、透過實驗獲得知識。學校是一個小型的社會，一是學習本身必須是一種社會生活，二是校內學習應該和校外學習連繫起來，兒童應該出現在這個簡化的社會雛形中，學會面對社會生活的技能。

但是，「學校即社會」並不意味著社會生活在學校裡的簡單重現。作為一個特殊的環境，學校應該能夠將各方面的因素整合，將現存的社會風俗理想化，創造一個比自然環境更廣闊、更美好的環境。

機能主義心理學的創始人是杜威，但是重要的代表人物是詹姆斯·羅蘭·安吉爾（James Rowland Angell）和哈威·卡爾（Harvey Carr）。安吉爾和卡爾都來自芝加哥大學，卡爾是安吉爾的學生和繼承人，在卡爾的帶領下，芝加哥大學的機能主義走入了成熟階段。

安吉爾和杜威是老鄉，都來自佛蒙特州。安吉爾早年在密西根大學跟隨杜威學習，獲得文學學士後，安吉爾在杜威的鼓勵下繼續攻讀哲學碩士。安吉爾對這位老師的評價非常高，他在自傳中說：「我深受約翰·杜威給予的最大恩惠……」後來他進入哈佛大學，在詹姆斯的指導下，和明斯特伯格一起在實驗室工作，安吉爾最終獲得碩士學位。後

來，他在堂兄的建議下到德國、法國深造，先後進入萊比錫大學和哈雷大學，但是沒有獲得博士學位 —— 原因是他在準備論文期間接到了明尼蘇達州立大學的聘書，豐厚的薪水讓他可以和訂婚多年的未婚妻盡快結婚，於是他放棄了博士論文。

1894 年，安吉爾和杜威同在芝加哥大學工作。1904 年，安吉爾出版了《心理學》教科書（*Psychology: An Introductory Study of the Structure and Function of Human Consciousness*），系統地提出了機能主義心理學的主張。他認為，心理學應該研究意識，意識是有機體適應環境的工具。他還闡述了意識的功能以及意識是如何在人類演化過程中發展起來的。

1907 年，安吉爾發表了〈機能主義心理學的領域〉一文，闡述了機能主義心理學的基本概念 —— 心理學屬於生物科學類的自然科學，它的方法是內省；意識是適應環境的機能，心理學要研究的是意識對環境的適應功能。《機能主義心理學的領域》更進一步說明了機能主義心理學的主張，並列舉出機能主義和結構主義的區別。

機能主義心理學和結構主義心理學正好相反，它研究的是心理操作，而不是心理元素；機能主義心理學不僅研究意識內容，還研究意識是怎樣進行和為什麼進行；機能主義心

理學把心理過程看作是有機體適應環境，以滿足自身需求的過程；機能主義心理學研究意識過程及其反應，還研究心物關係，即探討有機體與環境的關係。

安吉爾在研究中討論行為問題，但也不排斥研究意識和使用內省方法 —— 行為主義用實驗的方法研究，而且絕對忽略意識過程。不過，安吉爾談論的意識只是心理學的一個概念，一個形式，他更關注適應環境的機能。安吉爾的觀點為行為主義打下了基礎，幾年之後，他的學生華生就發出了行為主義者的聲音。此外，安吉爾主張心理學應該研究動物、兒童以及變態者的心理，他還重視應用心理學，如教育心理學、工業心理學、醫學心理學等。

安吉爾在一戰之後專注芝加哥大學的行政工作，後來他當選為卡內基股份有限公司的董事長，他離開芝加哥大學後，心理學系主任這一職位由他的學生哈威・卡爾繼任。卡爾不負眾望，成為芝加哥機能主義心理學的繼承人。

哈威・卡爾，出生在印第安那州的一個農場，高中畢業後，他在農場工作了一段時間，26 歲時，他到科羅拉多大學註冊。1901 年，卡爾獲科羅拉多大學學士學位和碩士學位，同年，卡爾作為研究生進入芝加哥大學，跟隨杜威、安吉爾和華生學習心理學，最終在芝加哥大學獲哲學博士學位，他的博士論文題目是〈閉眼期間的運動視錯覺〉（*A Visual Illu-*

sion of Motion during Eye Closure）。短暫地受聘於紐約州布魯克林學院後，卡爾又回到芝加哥大學，接替華生擔任心理學助理教授，教授心理學導論、實驗心理學和比較心理學的課程。此後，他一直在芝加哥大學工作直到退休。

卡爾於 1925 年出版了《心理學：心理活動研究》（*Psychology, a Study of Mental Activity*）一書，他的機能主義和安吉爾一脈相承。作為芝加哥大學機能主義的晚期代表，卡爾將安吉爾和杜威創立的機能主義心理學發展為一個完整的體系。卡爾將心理學的對象定義為心理活動，包括記憶、知覺、情感、想像、判斷和意志等，心理活動的機能是為了獲得經驗，並利用經驗來決定行動。

他認為，機能主義心理學就是美國心理學，它無所不包，而結構主義、行為主義、格式塔心理學和精神分析心理學都只涉及一個非常狹窄的方面 —— 鐵欽納認為，心理學是研究世界的，而人位於這個世界中；卡爾則認為，心理學是研究置於世界中的人。

卡爾強調有機體對環境的適應，他對機能主義心理學的發展也展現在這。他認為，適應性活動包括三個方面，分別是喚起有機體活動的動機刺激；感覺刺激；改變情境的反應，以便滿足動機刺激。這一系列的反應會持續下去，直到動機刺激達到目標，獲得滿足。

　　關於心理學的研究方法，卡爾既承認內省，也承認實驗法。他覺得實驗法比較合乎理想，但是將其應用於真正的心理實驗研究有些困難。實際上，芝加哥大學的很多研究用的都不是內省法，而是盡可能地用客觀的控制來加以檢驗。卡爾領導的心理學系，既進行動物的研究，也進行人的研究。研究動物時，卡爾宣稱自己是一個行為主義者；研究人時，他則反對這一說法，而用一種更靈活、更寬泛的方法。

　　機能主義在今天已經成為歷史，不過，機能主義心理學對當代心理學有重要的影響。機能主義心理學的許多觀點被後人所接受，比如心理學是實踐的、應用的，應該用來解決日常生活中的問題；適應環境是一個人保持良好心理狀態的前提。可以說，當代心理學家大多數是機能主義者，儘管他們並不會這樣稱呼自己。

第五節
思維是肌肉的變化 —— 行為主義與行為主義療法

行為主義是現代心理學的一個流派，曾經統治 20 世紀上半葉的心理學發展，今天的行為主義已經從經典行為主義中分化，有操作行為主義和社會認知行為主義等。約翰·布羅德斯·華生（John Broadus Watson）、伯爾赫斯·弗雷德里克·史金納（Burrhus Frederic Skinner）和亞伯特·班度拉（Albert Bandura）分別是這三個階段的代表人物。作為行為主義心理學的創始人，華生對行為主義的誕生有著不可估量的功勞。

約翰·布羅德斯·華生，在美國南卡羅萊納州長大，他的父親是一個不負責任的男人，拋棄家庭和孩子，為此遭到兒子一輩子的憎恨。小時候，華生並不是一個愛讀書的孩子，學年結束只能勉強升級，還因為暴力事件遭到逮捕。他對學業不太關心，但對進入大學卻有著莫名的渴望。16 歲時，他透過和傅爾曼大學校長的約談，以準新生的身分進入傅爾曼大學。

此後，華生開始了他那典型的美國成功人士之路 —— 白手起家，艱苦奮鬥，最後收穫名譽和地位。在學校裡，他

一邊打工，一邊完成學業。在此後的多年裡，他都不得不同時面對生活上的困難和學業壓力，他在希臘文、拉丁文、數學、心理學等課程上表現出色，同時也不得不奔波在各種打工賺錢的場合，因此，他的整個大學生活顯得暗淡而孤獨。

華生用了 5 年的時間獲得碩士學位 —— 原因是遲交論文導致成績不及格。之後，華生進入芝加哥大學，跟隨杜威學習哲學。他本想在那裡拿到博士學位，可惜他很快就對哲學失去興趣。受安吉爾的影響，他對心理學產生興趣，並選修了一門神經學。在華生看來，安吉爾才是真正的心理學家，也是他想要成為的那種人。

可以說，華生是一個有野心的人，他想要成為眾人矚目的對象，為自己留下心理學家的名聲。他不辭辛勞地打工，強迫自己工作，同時希望自己的心理學研究能夠吸引心理學家們的注意。24 歲時，長期勉強糊口的生活和沉重的工作、學習壓力導致華生經歷了一次心理崩潰。他被一種憂鬱、焦慮和無價值感的情緒纏繞，晚上無法入睡，大清早在城市街道上狂奔，無奈之下，他只好離開大學，等待身體恢復。

一個月後，他重獲健康。這次生病的經歷讓他小心起來，他準備放慢自己的步伐。即使這樣，他還是在 25 歲那年就獲得了博士學位，成為芝加哥大學最年輕的博士。獲得博士學位後，他在芝加哥大學擔任心理學助理教授一職，從多

年前他就開始和老鼠打交道，這時，他繼續觀察老鼠，用老鼠做實驗，在論文中提到他設計的實驗和老鼠的反應。

追溯華生的行為主義思想，從這期間就已經開始了。他的老師安吉爾是一個堅定的機能主義者，一輩子從來沒有改變他的信仰，當華生和他提起心理學應該觀察行為而不是意識時，安吉爾批評他的觀點為瘋狂和無知。

在芝加哥大學的日子可謂是快樂的，華生結了婚，研究工作有聲有色，他用猴子、雞、狗、貓和青蛙做實驗，還準備建立一個比較心理學實驗室。這時，約翰‧霍普金斯大學以更豐厚的薪水和實驗條件向他提出邀請，第一次沒有成功後，約翰‧霍普金斯大學提出了更豐厚的薪水和更高的職位 —— 年薪 3,500 美元和心理學教授職位，他最終動搖了。在霍普金斯大學，華生度過了學術生涯中最輝煌的日子。

華生從芝加哥大學時期就訓練老鼠，到了霍普金斯大學，他開始嘗試整理自己的想法 —— 沒有安吉爾的批評，他可以更自由地表達。他在訓練老鼠走迷宮的過程中受到了啟發。一開始，老鼠要半個小時才能找到出口，經過幾十次的嘗試之後，老鼠在 10 秒鐘就能奔向出口。為了找出老鼠如此迅速找到出口的原因，華生首先蒙上了老鼠的眼睛。一開始，牠們找到出口的速度馬上下降，沒過多久，又恢復到原來的水準。華生去掉了跑道上老鼠留下的味道，結果，經

過訓練的老鼠還是一樣迅速。華生又想到了一個辦法，用外科手術的方法破壞老鼠的嗅覺，可是，牠們就像沒有受傷一樣，安穩而迅速地走出了迷宮。

華生由此推論，學習過程的關鍵因素在於肌肉的感覺，而非意識。在心理學大會上，華生幾次提出了這一觀點，主張心理學應該研究可以觀察到的行為，而不是看不見的意識和精神。1913 年，他寫了一篇論文，對他的觀點做了一個總結，這篇文章題目叫〈從行為主義者看心理學〉，它被看作是行為主義者的宣言，行為主義時代也由此開始。

〈從行為主義者看心理學〉闡述了行為主義心理學的一些基本原則，比如：心理學應該研究行為，而不是意識；心理學的研究方法是客觀的方法，如觀察法；心理學研究的任務是找到刺激 —— 反應之間的規律，就能根據刺激推知反應，根據反應推知刺激，從而預測和控制行為。

華生接受了伊凡・巴夫洛夫（Ivan Pavlov）的條件反射理論，將人的行為和情緒都看作是條件反射的產物。華生堅信，心理學研究應該完全拋開意識，他在學術研究中堅持這一觀點，在日常生活中也如此要求自己。他不關心人的喜怒哀樂，很少和別人交流感情，對自己的孩子也不曾表達關懷，即使是純粹的思維和情感，其實也來自輕微的身體變化。思維是全身肌肉的變化，尤其是言語器官，情感則是內

臟和腺體的變化。最新的肌肉電位測試技術已經證明，心理活動伴有輕微的肌肉收縮，比如人在思考時，會出現輕微的肌肉收縮，但這並不能證明思維就是肌肉收縮。

在心理學研究方法上，華生完全放棄內省方法，採用客觀觀察法和條件發射法、言語報告法和測驗法。條件反射法和測驗法屬於實驗心理學的方法，但內省和言語報告完全是一回事。儘管華生堅決反對內省，在實際研究中又不得不使用內省方法，於是，他將內省法改頭換面，將言語報告歸為行為主義研究方法之一。

1914 年，華生出版了一本系統闡述行為主義的專著 ——《行為：比較心理學導言》（*Behavior: An Introduction to Comparative Psychology*）。華生的論文和專著都得到了青年心理學家的回應，38 歲時，華生當選為美國心理學會主席。1925年，《行為主義》（*Behaviorism*）一書出版，這是一本用通俗的方法講解行為主義的書。1930 年，《行為主義》經過修訂後再版，這是華生在心理學領域做的最後一項工作。1947年，華生退休，在康涅狄克州的一個農莊安享晚年。

1957 年，美國心理學會為他對心理學研究做出的貢獻給予了褒獎，時隔三十多年再次得到官方的肯定，華生感到非常高興。華生的理論只是行為主義心理學的一個開端，還存在許多不完善的地方。

　　華生的實驗主要以動物為主，研究動物不能用內省方法，只能根據刺激－反應來推測，而且，華生還犯了一個擬人論的錯誤 —— 將動物的反應看做是人的反應。這一缺陷在愛德華・桑代克（Edward Lee Thorndike）的理論中也有展現。不過，華生沒有像桑代克那樣絕對，認為人的心理和動物的心理在本質上沒有區別，他認為不應該按動物心理推測人的心理，而要像研究動物心理那樣研究人。可惜，他還沒來得及對行為主義理論進行完善，就因為桃色事件被逐出了心理學界，他開創的歷史先河只能等待後人來完成了。

　　基於行為主義心理學發展起來的行為主義療法，其原理主要來自三個方面，巴夫洛夫的條件反射、史金納的操作性條件反射和班度拉的社會學習理論。

　　條件反射理論可以解釋許多人的行為，人因為條件反射處於一種自動化或半自動化的狀態，如果這種自動化的反射產生負面作用的話，就會引起精神官能症，如人的不良習慣、焦慮、恐懼、強迫等症狀。這些症狀從條件反射而來，自然也可以利用反條件反射消除，於是，行為主義治療中出現了強化、消退、獎勵、懲罰、回饋、模仿、替代強化等概念。

　　行為主義治療者只關注外在行為，不關心意識、童年經驗、心理創傷等等，他們認為，根本就沒有精神官能症，僅

僅是症狀本身而已，消除了症狀也就消除了精神官能症。因此，行為主義療法只針對患者當前的問題進行治療，不關心問題的歷史或者病人的自知力和領悟。

最初的行為主義治療來自華生。1920 年，華生在約翰·霍普金斯醫院裡迎來了一個只有九個月大的受試者 —— 小艾伯特。這時的小艾伯特還是一個正常的兒童，華生向他展示許多東西，小白鼠、兔子、狗、燒焦的報紙等，小艾伯特對這些都沒有恐懼反應。

當小艾伯特十一個月時，華生在他身邊放了一隻小白鼠，讓小艾伯特和小白鼠一起玩。當小艾伯特伸手去摸小白鼠時，華生就在他腦後敲一下鐵塊，小艾伯特立刻被突如其來的巨大響聲嚇哭了。華生將這樣的實驗重複無數次後，小艾伯特已經將小白鼠和巨大的響聲連繫在一起，一看到小白鼠，他就會大聲地哭鬧，試圖遠離小白鼠。此後，小艾伯特對一切白色的東西產生恐懼，如兔子、白色的毛絨玩具，但他對黑色的木板沒有反應。

小艾伯特不久就離開了醫院，華生也無法和他聯絡（編按：小艾伯特於 6 歲時去世）。華生事後回憶說，如果能夠找到他，他還想嘗試一下能否用行為主義的方法消除他對小白鼠、兔子等的恐懼。1924 年，華生提出了一個消除恐懼的方法 ——「去條件化技術」，即在恐懼物出現的同時，伴隨

一個愉快事情出現。這一方法後來被行為主義治療者瑪麗‧
科弗‧瓊斯用來治療 3 歲小男孩彼得的恐懼症。

　　瑪麗‧科弗‧瓊斯（Mary Cover Jones），出生在美國賓
夕法尼亞州約翰斯敦，是發展心理學家，也是行為主義療
法的先驅。在瓦薩學院讀大學期間，瓊斯曾到紐約聽過華生
的課，華生在課程上播放的講述小艾伯特生成恐懼過程的影
片，令瓊斯印象深刻。

　　後來，她進入哥倫比亞大學讀博士，只可惜，當她進入哥
倫比亞大學讀書時，華生已經被逐出了心理學界，到廣告公司
擔任顧問了。幸運的是，瓊斯和華生的第二任妻子羅莎莉是同
學兼好友，因此，當瓊斯準備為彼得消除恐懼時，得到了華生
的親切指導。獲得博士學位後，瓊斯跟隨丈夫 —— 同為心理
學家的哈樂德‧瓊斯前往加州大學柏克萊分校的人類發展研究
所工作，她一生的大部分時間都是在那裡度過的。

　　瓊斯是第一個研究兒童恐懼行為的心理學家，為小男孩
彼得做的消除恐懼訓練是她最著名的研究，她也因此聲名遠
播。後來，瓊斯的方法成為最早的行為主義療法 —— 系統減
敏感的前身。

　　彼得是一個小男孩，瓊斯見到他的時候，他害怕兔子、
白鼠等，皮毛和棉絨也能引起他的恐懼。瓊斯沒有按照精神
分析的方法研究伊底帕斯情結，而是直接採用了行為主義療

法。她首先創造了一個溫馨的環境，有小朋友和彼得一起玩，有食物，還有玩具，當彼得玩得高興時，瓊斯給他看一隻兔子。一開始時，彼得對兔子還非常害怕，時間久了，他慢慢能夠接受兔子靠近自己。瓊斯每天給他看一次兔子，到第 45 天時，彼得已經能夠抱起兔子，和牠一起玩耍了。

　　瓊斯將她的治療過程寫進了論文〈恐懼的實驗室研究〉裡，她對彼得的治療也就此結束。這篇僅有一個研究對象的個案研究沒有多少說服力，最終，她以對 365 個正常兒童的觀察比較報告獲得了業界的承認。

　　系統減敏感也是行為主義療法的一種，最早由南非學者約瑟夫・沃爾普（Joseph Wolpe）提出來。所謂系統減敏感，又稱交互抑制，治療者透過循序漸進的方式治療病人的精神官能症，讓病人逐漸接近引起恐懼、焦慮的場景，同時進行放鬆訓練，使焦慮較輕，直至消失。作為最早的行為治療技術，系統減敏感也是來自實驗室的研究。

　　沃爾普根據經典條件反射模型設置了一個引起焦慮的情境。他將一隻飢餓的貓放入籠子裡，每當貓去取食，就對其施以電擊，貓因躲避疼痛而放棄取食，多次之後，貓產生了拒食反應，最後對籠子和實驗室內的整個環境都產生了恐懼反應，即「實驗性恐懼症」。接下來，沃爾普用系統減敏感的方法引導貓消除恐懼，貓逐漸回到了正常進食的狀態。

在《交互抑制心理療法》（*Psychotherapy by Reciprocal Inhibition*）一書中，沃爾普認為，精神官能症是學習過程中學到的不適應行為，要治療這種不適應行為，依然要依據學習原則。後來他將上述理論應用於人類，逐漸形成系統減敏感的治療技術。人的焦慮、恐懼反應也是一種條件反射過程，如果人能夠形成抑制焦慮的條件反射，之前的焦慮、恐懼反應就會被替代。個體不能在同一時間內表現出不同的情緒反應，比如高興的同時又不高興，開懷大笑的同時失聲痛哭，因此，可以用相反的情緒，即用輕鬆、愉快來抑制焦慮、恐懼。

第六節
尊重人的尊嚴和價值 —— 人本主義心理學

　　1960 年代，現代心理學出現了一次新的革新運動 ——
人本主義心理學。存在主義心理學是人本主義心理學的一
個取向，存在分析心理治療便是以人本主義為取向的心理治
療方法。詹姆斯·布根塔爾（James F. T. Bugental）是存在
分析心理治療的主要宣導者，也是人本主義心理學的創始人
之一。

　　1915 年，布根塔爾生於美國印第安那州的韋恩堡，在西
德克薩斯州立師範學院獲教育學學士學位，皮博迪學院獲社
會學碩士學位。1945 年，布根塔爾在勞森陸軍總醫院任心理
醫生，受到了卡爾·羅傑斯（Carl Rogers）諮商和心理治療
的影響。1962 年，擔任美國人本主義心理學會首屆主席。

　　1963 年，布根塔爾出版《人本主義心理學：一種新的突
破》（*Humanistic psychology: A new breakthrough*）一書。書
中建構了人本主義心理學的理論框架，為此，他和馬斯洛、
羅傑斯、羅洛·梅（Rollo May）共同成為人本主義心理學的
奠基人。後來，布根塔爾又在羅洛·梅的基礎上，發展了存
在心理學和存在分析心理治療。

　　布根塔爾的存在主義心理學認為，個人理想的存在方式便是真誠。真誠描述人的存在狀態，如果一個人的存在和他生活的世界是協調的、一致的，那麼他的存在就是真誠的，否則便是非真誠的。對個人來說，真誠和非真誠是非此即彼，對立存在的，人一旦陷入非真誠的狀態，就會出現精神官能症。真誠不同於健康的適應，兩者的區別在於，真誠是存在主義概念，適應是病理性概念。

　　真誠具有四個特徵：信念、獻身、創造與愛。擁有內在信念的人能夠發現自己的存在與世界的連繫，發現自己存在的根基，獲得面對命運和死亡的勇氣。否則，個人就會感到卑微，喪失勇氣；獻身是個人對愧疚、擔心受到懲罰的反應，透過參與某項事業，如參與藝術活動，作為哲學家進行思考，都可以確立自己的存在。

　　如果人只是作為創造物存在，便會失去創造性，人生也會因外界力量的參與充滿荒誕，而在選擇基礎上的創造可以幫助個人超越創造物，成為主動創造環境的主體，人生的意義也在於此；至於愛，布根塔爾強調的愛是一種超越性的愛，是個人在與他人的關係中對自己的肯定，也是人類實現自我的一個方面 —— 個人融入了全部人類的生命存在之中，克服了孤獨和疏離焦慮。

　　於是，存在分析心理治療面對的精神官能症，就是由於

第六節
尊重人的尊嚴和價值 —— 人本主義心理學

知覺扭曲導致的非真誠的存在。當面對強烈的焦慮時，個人試圖改變自己面對世界的方式，扭曲存在的性質，主觀上尋找一種虛假的肯定和安全感。這種安全感是以患者放棄自己的存在為代價的，因此，布根塔爾又將精神官能症稱為存在精神官能症。

在治療中，精神官能症患者會出現各種抵抗，抵抗是患者迴避焦慮的方式，是一種心理上的病態。佛洛伊德也用過抵抗這個名詞，他提出的抵抗指的是患者在治療過程中出現的無意識衝動，布根塔爾提出的抵抗在含義上則更寬泛一些。為此，他將精神官能症分為 4 種存在方式：卑微感、責備感、荒謬感和疏遠感，反映在現實中，便是對命運的屈從、放棄自由、自我異化和人際退縮。存在分析治療者必須能夠從症狀中發現精神官能症的類型，才能採取相應的措施進行治療。

行為主義療法重視身體上外顯的行為，精神分析則強調內在的無意識，存在分析心理治療則全然不關心這些。存在分析心理治療尊重當事人的主觀感受，重視當事人的自由意志，相信當事人有能力透過自由選擇解決正在面對的生活問題，治療師的方法只是起輔助作用。

關注當事人的真實狀況，認為當事人的理想狀況就是此刻真實的存在。當事人若能在此刻真實而全身心地投入正在

發生的事情中，就是打開心靈的表現，因此，存在分析心理學治療的目的不是治癒症狀，而是幫助當事人找到最適宜的存在方式，不是單純減輕身體上的病症，而是幫助當事人矯正已經發生的意識扭曲，接受自己生存在世界上必須承擔的責任。

談起人本主義心理學，馬斯洛是絕對不可以跳過的。馬斯洛是一位人本主義心理學家，他提出了許多心理學名詞，如「需求層次」、「自我實現」、「高峰經驗」、「潛能發揮」等。今天，這些詞語不再是心理學專著中艱深的專業術語，而融入到心理學、科研、管理等各個行業，幫助每個人發揮自己的潛能，找到對自我的認識和定位。

馬斯洛一家是來自俄國的猶太人後代，他的父親在 14 歲時跟隨家人來到美國，母親是父親的表妹。1908 年，馬斯洛出生，他是家中七個孩子中的老大，父親給他取名「亞伯拉罕」。1926 年，馬斯洛考入紐約市立大學，第二年冬天，他轉學到康乃爾大學。可惜，他在康乃爾大學並沒有找到期待中的學術氣氛，即使是心理學課程，也讓他倍感失望。

當時，在康乃爾大學教授心理學課程的是結構主義心理學家鐵欽納。他信奉馮特的心理學觀點，認為心理學是純粹的意識研究，這和馬斯洛的想法大相徑庭，一個學期後，馬斯洛又回到了紐約市立大學，繼續他的學業。1928 年 9 月，

馬斯洛轉學到威斯康辛大學。20 世紀初，威斯康辛因為傑出
的教育水準和自由的學術氣氛而聞名。

在那裡，馬斯洛主修解剖學、生理學、動物行為學等課
程，學習的方法就是在實驗室裡解剖動物。在行為主義興起
的時代，馬斯洛並不覺得這種堅持科學主義的心理學能夠對
人類有用。如果說，馬斯洛在威斯康辛有什麼最大的收穫，
就是遇到了哈利‧哈洛（Harry F. Harlow），成為他的助手，
並且在他的指導下拿到了博士學位。

1930 年，哈洛前往威斯康辛大學任教，他素以研究靈長
目動物聞名，主要研究動物的社會行為和學習過程，他在研
究恆河猴的過程中發現了依戀行為，此後的四十多年，他一
直和猿猴相伴，研究夥伴關係的發展。

成為哈洛的助手後，馬斯洛很快喜歡上猿猴，不知不覺
間，他闖入了一個完全未知的領域。從 1932 年 2 月到 1933
年 5 月，馬斯洛每天花數小時，悄悄地觀察靈長動物的活
動，並做詳細的筆跡。在這一過程中，他找到了博士論文的
研究題目〈支配驅力在類人猿靈長目動物社會行為中的決定
作用〉。馬斯洛發現，猿猴中的支配權是在注視和相互打量
的基礎上建立起來的，而不是訴諸武力。

馬斯洛不僅喜歡這項有趣的研究，他更希望透過這篇論
文找到一份滿意的工作。1935 年，桑代克看到了他的論文，

對他評價很高，於是，他為馬斯洛提供了一筆獎學金，邀請
他進入博士後研究階段。馬斯洛對此非常高興，他又可以繼
續研究自己喜歡的課題。

桑代克還做了另外一件好事。桑代克在哥倫比亞大學做
了一系列的智力測驗和學術能力測驗，馬斯洛也去做了受試
者。測試顯示，馬斯洛的智商高達 195。桑代克為此表示，
如果馬斯洛找不到一個永久的職位，他可以一直提供資助。

在研究人類和猿猴對應的支配、服從行為時，馬斯洛面
談了一百多名受試者，最終，他發表了論文〈支配情緒、
支配行為和支配地位〉。他在文章中探討，支配情緒如何影
響人們的日常生活，從這時開始，他注意到人類行為背後的
動機。

從 1940 年到 1943 年，馬斯洛在動機理論上花費了許多
時間。他做了大量的筆記，初步形成了一些概念。最終，他
在論文〈動機理論引言〉和〈人類動機理論〉（*A Theory of
Human Motivation*）中完整地表達了他的需求層次理論。在
這個模式中，馬斯洛按照從低到高的順序，將人類的需求分
為生理需求、安全需求、愛與歸屬的需求、自尊的需求和自
我實現的需求。

這五種需求就像一座金字塔，排在下面的需求就越基
本，越和動物的需求相似，越是高級的需求越為人類所特

有。這些需求是按照先後順序出現的，比如：生理需求得到
滿足，安全需求才會出現，安全需求得到滿足，愛與歸屬的
需求才會出現。當然，其中也有例外的情況，比如：歷史上
好多英雄人物，為了理想和信念（自我實現），拋開基本需
求，甚至願意犧牲自己的生命。

　　在自我實現需要這一領域，馬斯洛花費了更多的心力。
自我實現者通常要具有以下 12 種特徵：能夠準確地、全面
地洞察現實；接納自己和他人；表現出自發性和偶然性；有
獨處的需求；獨立於環境和文化；以持續新奇的眼光看待事
物；經常經歷神祕體驗和高峰經驗；關心全人類，而不僅是
朋友、家人；只有少數幾個朋友；有強烈的道德感，但不一
定接受傳統道德標準；具有幽默感；富有創造力。

　　基於馬斯洛對眾多歷史偉人的研究，他認為，自我實現
需求是較高級的需求，能夠達到自我實現的人並不多。在他
看來，愛因斯坦、赫胥黎、詹姆斯等人算是滿足了自我實現
的需求。

　　經過一場大病之後，馬斯洛於 1954 年完成了《動機與
人格》）（*Motivation and Personality*）一書，這是他對需求
層次理論和自我實現理論的總結，解釋了愛、認知和動機的
具體表現形式。令人新奇的是，在這本書的附錄裡，馬斯洛
提出了 100 多個人本心理學應該研究的項目，比如「人們怎

樣才能學會使自己適應新情況」、「人們怎樣才能學會發現善、識別美、尋求真」、「人們怎樣才能具有良好的趣味、性格以及創造力」。

《動機和人格》一書讓他在美國獲得了巨大的名聲，這部著作也被看作是 1950 年代最重要的心理學專著。很快，馬斯洛的思想融入到管理、教育、心理輔導、市場行銷等各個領域。1966 年，馬斯洛被他的同行們選為美國心理學會的主席，這一年，他得到了前所未有的榮譽，也達到了個人事業的高峰。

隨著人本主義理論日漸成熟，馬斯洛發現，自我實現可能促使人走向個人主義和自我中心，為此，他提出了超個人心理學的概念。他覺得，個人追求的自我實現並不是人性達到的最高狀態，人類應該追求一種宇宙為中心，從小我的自我實現走向大我的自我實現。只可惜，他只是為超個人心理學開了個頭，就早早離開人世了，發展超個人心理學的任務只好由他的繼任者們來完成。

第二章

感知五彩繽紛的世界 —— 大腦與感知覺

　　所以人在感冒的時候才會食之無味。如果你不相信的話，大可做一個這樣的測試：拿出一片蘋果和一片生馬鈴薯片，然後捏住鼻子嘗一下，是不是它們之間的差別不見了呢？

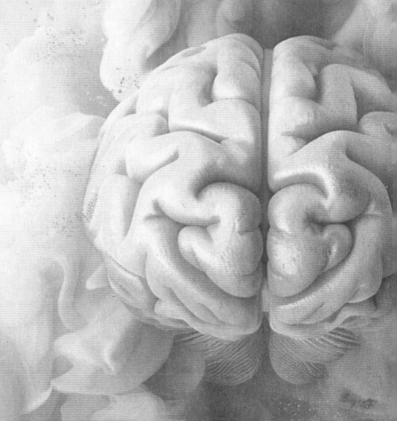

▌第一節

左撇子更聰明嗎 —— 我們的大腦是如何工作的

當我們看到身邊的事物時，總是輕而易舉地叫出它們的名字，比如：這是矢車菊，那是公車，500 公尺處是一個年邁的盲眼老人，落在路邊枝頭的鳥是一隻麻雀。在你毫不費力地辨認出眼前事物時，你是否想過，當你說出這一詞彙、描繪出某一狀況時，大腦內發生了什麼樣的變化？

實際上，哪怕僅僅是讀出寫在紙上的「蘋果」二字，也需要經過非常複雜的神經傳遞過程。首先，紙上的文字「蘋果」構成了視覺上的刺激，它會被視網膜內的神經細胞檢測出來，然後將這一信號透過丘腦傳遞給大腦中的視皮層。視皮層的工作就是處理所有的視覺資訊。

接著，視皮層會將神經衝動傳送給大腦顳葉上的一個叫做「角回」的分區。在那裡，大腦會找到視覺資訊相對應的聽覺資訊，隨後將聽覺資訊傳遞給聽皮層。接著，眼睛看到的圖像就被解釋為「哦，這個詞是蘋果」。最後，聽覺資訊會被傳遞到運動皮層，刺激嘴唇、舌頭和咽喉共同合作，發出「蘋果」這一詞的聲音。

想像一下，僅僅是識別一個詞語，就需要走過這麼多的

大腦分區，耗費如此之大的精力，那麼讀完一句廣告語，朗誦完一首詩，甚至讀完一本大部頭的著作，需要花費多大的腦力呀！基於這樣的工作強度，我們也能夠理解，為什麼身體上這個體積甚微的區域，竟然消耗著人體能量的 1/5。

從大腦識別一個詞語的過程中可以發現，大腦在工作的過程中，每個區域都有合理的分工。神經科學的研究也已經證實了這一點，比如大腦額葉負責管理全身骨骼肌運動的軀體運動區，顳葉負責理解別人的語言和監聽自己所說的話。一旦某個區域受到損傷，都會影響身體的相應功能，甚至影響一個人的人格。

1848 年，哈洛醫生（John Martyn Harlow）發表了一個關於前額葉損傷患者的觀察報告，記錄了一個前額葉受損者的前後表現。當時，美國有一位名叫蓋奇的工頭，他在帶領工人向岩石裡填充炸藥時，碰撞出的火花引燃了火藥。爆炸導致一根長 1 公尺，直徑為 2.5 公分的鐵釺從他的面部刺入，穿過前額，從頭頂飛了出去。

鐵釺飛出後，蓋奇當場昏迷。幾分鐘之後，他奇蹟般地清醒了過來。他能說話，也能活動，同伴送他去醫院之後，他甚至可以自己走進手術室。不過，鐵釺使得蓋奇的大腦前額葉受到嚴重損傷。兩個月後，蓋奇順利出院，一切生理機能也恢復了正常，但是他的性情發生了很大的變化，熟悉他

的人都覺得他好像換了一個人。

　　受傷前，蓋奇是一個精明能幹的人，和工作夥伴也相處愉快。受傷後，他變得偏執、粗野、優柔寡斷，對同事們漠不關心。他對曾經引起他巨大興趣的工作也漫不經心起來，連工長的工作也無法勝任了。

　　哈洛醫生的報告讓人們第一次知道前額葉損傷對人的心理造成的影響，也引起了研究者對於這一領域的注意。神經科學的發現顯示，額葉是大腦半球的四個葉中最大的一個，大約占 1/3 的面積，對人的思維活動和行為有重要的作用。額葉受損或者人為切除後，人就無法進行有目的、有計畫的活動，甚至會失去很大一部分的人格，同時也會失去原本的創新能力。

　　諷刺的是，即使額葉的損傷會將一個有感情、有性格的人變成行屍走肉，在 1940 ～ 1950 年代，竟然有很多精神科的醫生對精神病人實施切除額葉的手術，這一手術的創始人甚至獲得了諾貝爾醫學獎。

　　在額葉切除手術盛行之時，研究者們紛紛在科學刊物上發表自己的研究成果。他們向世人宣稱，切除額葉手術是幫助有暴力或自殺傾向的患者安靜下來的最好方法。1942 年，一位科學家在紐約的醫學介紹會中提出，對病人實施額葉切除術後，病人的確會變得懶惰，甚至像個孩子一樣。然而，

這樣的結果對於他們的家庭來說仍舊是一件喜事。

針對這一極端不人道的治療方式，電影《飛越杜鵑窩》和《隔離島》都有過深入的描寫。1962 年，電影《飛越杜鵑窩》的原著小說問世之後，西方世界曾經掀起一系列反對濫用電擊、切除額葉等方式治療精神病人的運動，此後，各國政府相繼頒布了法律條文，精神病人的生活才得到改善。

人腦分左右半球，左右互相連繫，又各司其職。大腦左半球擅長抽象思維，以分析、推理見長，嚴格按照邏輯順序工作，因此，左半球控制人的語言和理性。相反，大腦的右半球則擅長形象思維，掌管人的創造性和直覺，因此，右半球會產生藝術創造、音樂作品和美術。

對於社會大眾而言，那些整天奔波於工作，為了追求事業成功而忽略生活娛樂的人，屬於純粹的「左腦人」。實驗證明，「左腦人」能夠體驗到成功的快感，卻無法享受到幸福感，因此，即使他們在事業上取得非凡的成績，也不容易得到快樂。相反，「右腦人」善於直覺和感受，能夠在音樂上、藝術上體會到生活的美感和喜悅。

生物學和神經科學的發展，讓我們對大腦功能有了更細緻的了解，然而，人們並不是從一開始就對大腦的工作模式瞭若指掌的。人類對於左右腦的認知，還要從羅傑·斯佩里（Roger Sperry）的「割裂腦」實驗開始說起。

　　1950 年代，美國神經心理學家斯佩里對割裂腦病人進行
了系統的研究。斯佩里設計了一個測試裝置，用來檢測病人
的腦功能變化。測試裝置有左右兩個螢幕，左邊呈現的文字
會進入到左側視野，右邊呈現的文字則進入右側視野，互相
之間沒有干擾。

　　實驗結果顯示，當實驗者在右側螢幕上呈現單字「蘋
果」後，割裂腦病人能夠讀出單字，並且用右手寫出；若在
左側螢幕上呈現單字「蘋果」，病人就無法讀出，只是報告
說「看到了一道閃光」。奇怪的是，病人卻可以在裝有各種
物品的袋子中找到「蘋果」這一物品。

　　斯佩里在進一步的實驗中發現，當要求割裂腦病人分別
用左手和右手照著實物畫圖時，即使病人原本慣用右手，他
左手畫出來的圖也比右手更接近實物。

　　一系列的實驗證實，大腦的左半球在語言方面占據優
勢，右半球則在感受形狀、立體空間方面占據優勢。當左右
腦之間的連接 —— 胼胝體被切斷之後，雖然左右腦依舊可以
工作，卻表現出完全不同的兩種意識。

　　習慣上，大多數人們都喜歡用右手完成重要的工作，由
於大腦和身體行動的交叉作用，於是左腦成為人們累積知
識、工作經驗的重要區域，為此，左腦就要負荷更多的工
作。這時，習慣使用左手的「左撇子」就能夠充分發揮右腦

功能，調節生活的壓力。

所謂「左撇子」，就是慣用左手的人，在處理生活事務時，使用左手更方便、更協調。可是，生活中的左撇子又總是在一群右撇子裡顯得出格，尤其是吃飯的時候，圍坐在一起的人，只要有一個人是用左手吃飯的，就可能和身邊的人出現「筷子打架」的狀況。不過，也有人說左撇子比右撇子更聰明。

在智商上，並沒有資料證明，慣用左手的人比慣用右手的人更聰明。不過，在人類整體傾向於左腦發達的情況下，左撇子似乎彌補了這種失衡的現象。有人說，左撇子在水下的視覺調節能力比較強；也有人說，左撇子的青春期比右撇子晚。也有好奇心強的人發現，人類中少數的左撇子，常常在社會中發揮巨大的能量，比如微軟的創始人之一比爾蓋茲，「瑪利歐之父」宮本茂，又比如 20 世紀末美國的多任總統。

在左撇子和右撇子之間，還有一個有趣的現象：當人在無意識狀態下作畫時，如果恰好畫的是人的側面像，那麼左撇子畫出來的人物面朝右，右撇子畫出來的面朝左；如果在打個叉之後再畫個圈，左撇子會逆時針行筆，右撇子則恰恰相反。不信的話，你可以找個朋友，親自驗證一下！

第二節

第六感真的存在嗎 —— 神奇的感覺

作為一名畫家，喬納森用絢麗的色彩創作了大量的抽象畫。這些畫作為他贏得了極大的藝術聲譽，也幫助他走入了人生中最輝煌的藝術生涯。

在他的創作後期，突然有一段時間轉變了風格。他不再畫顏色鮮豔的作品，反而轉向了以黑、白為主的創作探索。在外人看來，喬納森走入了一個新鮮、有趣的創作階段，作品開始呈現出一種色彩上的單純和整齊。然而，沒有人知道，這一改變的根本原因是他失去了顏色知覺，變成了色盲。

喬納森 65 歲時，一次腦損傷傷害到了他的視神經。從此以後，他只能看到灰色、黑色和白色。以往那些色彩繽紛的畫作，在他眼裡全部變成了骯髒、混亂的斑點。生活在缺乏色彩的世界裡，喬納森只能吃黑色的橄欖和白色的米飯，於是，他的創作也變成了只有黑白兩種顏色。

適應了只有黑色和白色的世界後，喬納森開始創作以黑、白為主的作品。令人意外的是，他的崇拜者並沒有因為畫風的改變而不再喜歡他的作品，反而為了他這一大膽的創新而拍手叫好。

對於喬納森來說，儘管喪失顏色知覺是一件不幸的事，他卻因此打開了藝術世界一扇新的大門。在為了顏色的逝去感到憂傷的同時，他還是選擇繼續用藝術的方式來描述他所看到的世界。

在我們身邊，隨時都有許多刺激物，比如：一盆渾身帶刺的仙人掌，一口香甜的卡布奇諾，一陣淡雅清幽的花香，或者是一個兒童柔軟的小手。這些事物如同常理般地存在著，卻同時被我們看到、嘗到、嗅到或者觸摸到。而我們知曉刺激存在的機制，就是心理上的感覺。

作為身體上的感受器，眼、耳等器官所產生的神經衝動，就成了感覺。感覺讓我們從視、聽、嗅、味等方面體驗到快樂滋味，同時也成為人類生存的一個保護網，比如：聲音的警示讓我們逃離危險地帶；對舒適感的追求讓人類不斷尋找適宜生存的環境等。

物質極大豐富之後，隨時有各種口味的食物等待我們選擇，每條街上都在響著不同風格的流行音樂。這些刺激的存在讓人已經習慣耽於聲色，享受一種感覺上的滿足。於是，人們開始懷疑，如果將身邊的這些感覺「剝奪」，人是否還能健康、舒適地生活下去。為此，加拿大的心理學家做了一次「感覺剝奪」的實驗。

　　1954 年，貝克斯頓（W. H. Bexton）、赫倫（Woodburn Heron）和斯科特（T. H. Scott）在加拿大蒙特婁的海勃實驗室進行了這次實驗。實驗的受試者全部都是經過招募的大學生志願者。

　　為了營造毫無感覺的環境，實驗者將受試者關在了裝有隔音裝置的房間裡，並且給他們戴上了半透明的眼鏡，以減少視覺刺激。隨後，他們又戴上了手套，以減少各種觸覺刺激的發生。受試者的頭部墊了一個氣泡膠枕，這個膠枕可以有效防止頸椎和床的接觸。

　　實驗開始後，受試者除了進食和排泄之外，其餘的時間都必須一動也不動地躺在床上。這時，受試者所處的狀態就相當於一個所有感覺都被剝奪的狀態。

　　原本帶著「趁機休息一下」或者「思考論文」這種想法的受試者，在實驗開始後才發現，他們的想法根本沒辦法實現。在實驗後的報告中，有些受試者說：「躺在那裡，根本什麼事情都不能思考，思維總是跳來跳去，無法集中注意力。」

　　八個小時過去後，有的受試者開始吹口哨，有的受試者顯得煩躁不安，開始自言自語。實驗持續幾天之後，受試者開始出現幻覺。他們會看到沒有形狀的閃爍，或者聽到狗吠聲、警鐘聲，甚至是老鼠行進的聲音。實驗進行到第四天

時，受試者無法筆直走路，開始出現反應遲緩、雙手發抖的症狀。離開實驗環境之後，受試者需要經過三天以上的時間，才能徹底恢復到正常的生活狀態。

實驗結束後，貝克斯頓等人得出結論：人的身心要想保持在正常的狀態下進行工作，就需要不斷從外界獲得新的刺激。豐富的、多變的環境刺激是有機體生存與發展的必要條件。雖然環境中的刺激有時候讓人身心不適，一旦將所有刺激都消除，等同於人類的自殺。

當然，在實驗室環境下，感覺剝奪變成了一個極端的情況。可以說，任何事情變得極端之後，對人的身心都是有害的。不過，對於有些成癮的行為來說，比如吸菸、暴食，倒是可以嘗試一下感覺剝奪，用這種方式來修正他們的行為。

心理學家認為，對於吸菸者來說，讓他們在一個限制吸菸的環境中停留 24 小時，有助於增強他們的自制能力。在一個戒菸的實驗中，實驗者要求受試者在一個安靜的黑屋裡躺上 24 個小時，除了喝水、上廁所之外，什麼都不可以做。當他們躺在床上時，黑屋會透過廣播播放一些吸菸有害的新聞。

實驗結束後的一個星期，所有受試者都不再吸菸。一年之後，仍然有 2/3 的受試者不再吸菸。從這一角度來說，感覺剝奪或許能成為行為成癮者的一個治療手段。

　　在生活中，人們常常會遇到這樣的狀況：某個人明明就在眼前，你卻絲毫沒有察覺；家裡的檯燈忽然換了顏色，也要家人提醒之後才會發現；每天盯著電腦螢幕看，厚厚的灰塵卻始終無法進入意識之中……這種現象被人們形象地稱為「視而不見」。

　　美國哈佛大學心理學教授丹尼爾·西蒙斯（Daniel Simons）和他的夥伴丹尼爾·萊文（Daniel Levin）共同設計了一個「視而不見」的實驗。所有招募來的志願者都會在實驗室入口填一些基本的資料，填完之後，志願者送回資料，然後興致勃勃地走入實驗室，期待發生不可思議的事情。

　　然而，西蒙斯和萊文不過是請他們做一些普通的實驗，因為這次實驗的目的並不在此。實驗結束後，實驗者問受試者說：「在實驗室門口，遞給你表格的人和接收表格的人，在髮型、長相、身材上都完全不同，可是你注意到了嗎？」所有的受試者都大為驚訝，覺得不可思議，這麼明顯的變化自己怎麼可能一點都沒察覺到？當實驗者向他們播放實驗室門口的錄影時，所有人都不禁自問：「怎麼會發生這種事？」

　　實驗結果顯示，75%的受試者完全沒有察覺到眼前的人變成了另外一個。類似的實驗還有很多。實驗者會在路上隨便找個受試者問路，問到一半的時候，換另外一個實驗者繼

續詢問，結果受試者竟然對此渾然未覺。

所有受試者都對自己的反應大為驚詫，主要原因就是人們有一個默認的前提，只要張開眼睛，映入眼簾的所有事物都能被眼睛看見。心理學家的研究則證明，即使人眼一直盯著某一事物，只要大腦的注意力沒有放在眼前的事物上，人們依然會視而不見。

魔術表演正是應用了這一原理。技法華麗的魔術師會想方設法操縱觀眾的注意力，盡力將魔術關鍵變化的部位放置在觀眾視盲的區域。這樣一來，雖然觀眾盯著魔術師的手看，一心想要看透其中的奧祕，卻不小心中了魔術師的圈套。

和人們「視而不見」的盲視現象相比，人眼還有另外一種奇特的功能 —— 不視而見。對於許多失明或者患有眼疾的人來說，他們對身邊的事物並不能用視力覺察。實驗卻一再證明，他們能夠「看見」眼睛看不見的東西，或者說他們的行為依舊是由視覺引導的。這種「不視而見」的現象被稱作「盲視」。

在由荷蘭蒂爾堡大學的海爾德教授負責的研究中，證明了盲視的存在。實驗中受試者是一個完全失去視力的男子，生活中，他只能依靠拐杖分辨出路上的障礙物。可是，在海爾德教授的實驗中，他能夠對看不見的表情做出反應，同

時，他還能夠順利通過一條擺滿了各種障礙物的通道，不會碰到任何障礙。

此外，一位名叫唐的眼疾患者也證明了盲視的存在。當唐 14 歲時，他就患上了頭痛病。多年來的頭痛讓他左眼的視力變差。20 年後，唐為了徹底治癒頭痛，決定接受頭部的手術。手術時，醫生切掉了他的一部分枕葉皮層。手術後，唐終於不需要忍受頭痛了。不過，手術卻令他的左眼徹底看不見東西了，即使在他的左眼前呈現一個光點，他也無法察覺。

根據以往的經驗，心理學家認為，唐雖然看不見左側視野中的物體，卻不一定無法感知。於是，心理學家設計了一系列的實驗，來證明他知覺能力的存在。當實驗者在他的左側視野呈現光點時，唐雖然看不見，卻能用手準確地指出光點的位置。實驗者呈現出的直線，他也能猜測出直線是水平還是豎直的。雖然唐一再聲稱他的判斷全部來自猜測，心理學家依舊認為，他的大腦在利用除了視神經之外的多重通道來完成對事物的感覺。

加拿大英屬哥倫比亞大學心理學家也曾經針對 40 名受試者開展了「盲視」的實驗。實驗者在電腦螢幕上呈現一些圖片，圖片的內容非常簡單，只是它們停留的時間非常短，僅有 0.25 秒。測試的過程中，實驗者會將一張稍小的圖片穿插

其中，以證明受試者「盲視」能力的存在。

實驗結果顯示，約有 1/3 的受試者能夠感覺到圖片的變化，儘管他們一再聲稱，根本沒看清圖片的形狀，更無法確定圖片到底發生了哪些變化。

實驗者得出結論，即使人們的眼睛來不及分清看到了什麼或者哪裡發生了變動，但是大腦的運作系統卻能感知到這種微妙的變化。心理學家說，即使「盲視」在大腦中的運作過程尚不可知，但是它卻解釋了許多關於「第六感」的問題。

中國紀錄片《舌尖上的中國》大肆地挑逗了人們的味蕾，一眾吃貨們也開始到處尋找美味，讓舌頭在美妙的味道世界裡暢遊。對於食物的最終歸屬來說，舌頭雖然是一個過道，人們依舊無法放棄過道中的短暫享受，想盡辦法研究出各種美食，以此來滿足舌頭的欲望。

人能夠品嘗到各種食物的味道，最大的功臣就是我們的舌頭。對著鏡子伸出舌頭，會看到舌頭的背面有許多微小的突起，這些突起叫做舌乳頭。按照形狀來分，舌乳頭分為四種，分別是絲狀乳頭、蕈狀乳頭、輪狀乳頭和葉狀乳頭。除了絲狀乳頭之外，其他舌乳頭上都分布著許多味蕾。正是這些味蕾，讓我們感受到了甜、酸、苦、鹹四種主要的味道。

實際上，當我們享用美味的食物時，味覺和嗅覺常常連

在一起工作，所以人在感冒的時候才會食之無味。如果你不相信的話，大可做一個這樣的測試：拿出一片蘋果和一片生馬鈴薯片，然後捏住鼻子嘗一下，是不是它們之間的差別不見了呢？

有許多學生團體做過實驗，比如宿舍裡的幾個人，每個人都將鼻子塞起來，然後去吃那些原本聞起來很難吃的食物。結果所有的食物都沒有了難聞的味道，有些人甚至覺得比平時好吃。

由此可見，美食之美，似乎不僅僅來自舌頭的品嘗，鼻子的嗅聞功能也起到了幫襯的作用。美食家和品酒師之所以能夠辨別微小而複雜的味道變化，很多時候依靠的也是嗅覺而非味覺。這樣就可以解釋，為什麼一個患有慢性鼻竇炎的人做不了品酒師。試想一下，一個嗅覺不靈敏的人，又怎麼能分辨各種美味的葡萄酒之間的不同呢？

關於味覺，一直有一個非常有趣的說法，叫做「味覺地圖」。所謂味覺地圖，指的是舌頭用不同的區域來感受味道，彼此各司其職，互不干擾。比如：舌尖負責感受甜味；舌根對苦味比較敏感；舌頭的兩側主要負責酸味和鹹味。

這個說法流傳了幾十年，人們已經對它深信不疑。實際上，這不過是傳播者對科學文章的誤傳。舌頭上並沒有什麼味覺分區，傳說中的「味覺地圖」也不過是一個美麗的誤會。

　　其實，一切要從一個尚不明確的科學結論說起。1901年，一位德國的科學家發表了一篇論文，描述了舌頭的某些區域對不同味道的靈敏現象。當時，這不過是科學家的觀察發現，並沒有成為明確的科學結論。可是，文章的發表讓更多人了解了這一觀點，也讓許多人誤以為人的舌頭就是依靠區域分工來辨別味覺的。後來，一位美國的精神醫師將這篇文章翻譯成英文，這一結論被繼續誤傳，直到許多人都對此深信不疑。

　　最近的研究顯示，舌頭上的味蕾並非是某一領域的專業人士，而是精通多門技藝的手藝人。它們可以同時分辨多種味道。所以說，根本就沒有「味覺地圖」這件事。

第三節
感覺的深加工 —— 知覺的世界

你摸到了一個圓圓的東西，感覺告訴你「這個是東西，圓圓的，表面很光滑」，知覺則會告訴你，那是一顆蘋果。你看到了一幅顏色絢麗的畫，感覺告訴你「有綠色的、黃色的、黑色的，各種顏色堆砌著」，知覺會告訴你，那是梵谷的〈向日葵〉。知覺就像是感覺的翻譯，將感覺到的聲、光、電，變成有意義的物品，我們的世界也從此豐富起來。

肯基，非洲土著人，成長於赤道附近一個名叫俾格米的部落。從他出生開始就一直生活在茂密的熱帶叢林中，從未接觸過西方社會的文化，也不知道自己和外面世界的不同。獨特的成長經歷培養了肯基看待事物時的不同角度。有時候，在我們看來稀鬆平常的事，對他來說卻是一個意外的驚喜。

1960 年代，當人類學家科林·托恩布爾（Colin Turnbull）來到俾格米，準備研究這裡的非洲土著時，他找到了肯基，並且邀請他乘車與研究隊伍一同穿過草原。

開闊的草原上生長著上百頭野牛，牠們有的在低著頭吃草，有的在互相追逐、嬉戲。面對這一場面，肯基突然覺得

疑惑起來，他問托恩布爾：「牠們是哪一種昆蟲？」托恩布爾回答說：「這是比你見識過的所有牛都要大的一種野牛。」

由於車輛行駛在牛群的遠處，野牛看起來就像是遠方天空上的一個黑點。這一現象造成了肯基的巨大困惑。即使托恩布爾告訴他真相，他依舊坐在那裡自言自語，試圖將那些「黑點」和他熟悉的昆蟲做對比。

過了一會兒，他們的汽車行駛到牛群的附近，野牛也從一個個黑點變得越來越大。這時，一向以勇敢、善戰著稱的肯基突然靠近了托恩布爾，並且嘴裡叨咕著咒語一類的話。直到汽車停在野牛身邊，肯基終於看到「黑點」的真面目，他才徹底地鬆了一口氣。不過，他也產生了新的疑問：「為什麼剛才看起來那麼小，現在看起來這麼大，難道牠們會使用神奇的魔術？」

在解答肯基的疑惑之前，我們先來做一個簡單的演示：將你的右手放在盡可能遠離身體的地方；讓手慢慢靠近臉孔，直到手掌占據了你的整個臉孔。

在這個演示中，你感覺到你的手好像從原本的大小變得越來越大，到最後它覆蓋了你的整個視野。這樣的疑惑，和肯基面對的問題是不是有點相似呢？可是所有人都知道，即使感覺上手掌在變大，它依舊是原來的大小。並沒有什麼神奇的魔法，也沒有幽靈在作怪，這一切只不過是感覺和知覺

的不同罷了。肯基的問題在於，他尚未分清感覺和知覺之間的區別。

　　人的感覺總是依賴看到的、聽到的事物來下結論，這樣難免會造成許多錯誤，比如像肯基那樣。於是，大腦在演化中形成了一個知覺系統，用來糾正感覺可能出現的錯誤。當你的手離眼睛越來越近時，視網膜上的成像就會越來越大，感覺上手好像變大了一樣，然後知覺系統就會發出指令，告訴你，那只不過是視網膜上的像在發生變化，手的實際大小並沒有改變。

　　為什麼肯基會對如此常識性的問題產生疑問呢？其原因在於，肯基從小生活在原始森林裡，他沒有形成社會化的行為反射，也沒有先驗的知識來解釋眼前看到的一切。眼睛看到的事物，他就認為是事物的真實面貌。我們之所以不會犯肯基的錯誤，原因在於我們頭腦中的知覺加工系統。

　　相信在「感覺」一節你已經了解，周圍的世界充滿了各式各樣的刺激物，人類和世界互動的第一途徑就是感覺，即用眼、耳、口、鼻等器官來感覺周圍的刺激。可是，有時候僅僅憑藉感覺是不夠的，還需要一個將感覺深加工的過程 —— 知覺。

　　人眼能夠看到眼前的一片白色，知覺會告訴你，那是一片白茫茫的雪地；耳朵能夠聽到天空中的一陣轟鳴，知覺會

告訴你，那是雲層中的雷聲；鼻子能夠嗅到一陣難聞的氣味，知覺會告訴你，那是臭豆腐的味道。

對於人類來說，純粹的感覺不會產生任何意義，無論是光波、聲波還是各種顏色。只有大腦將這些感覺和具體的事物連繫到一起，感覺才能為我們提供資訊。因此，人類從嬰兒階段便開始建立知覺系統，以至於我們和所有事物的接觸都變成了知覺。

當然，外界環境隨時都在發生變化，人類的知覺也無法保持一成不變。知覺會隨著所處環境的不同發生改變，以使人的行為能夠適應環境，減少痛苦的發生。從人類演化的角度來看，這一改變也相當必要，否則的話，人類又憑藉什麼走到今天呢？

心理學家曾經用倒視實驗來證明環境變化與知覺之間的關係。實驗中，實驗者要求受試者戴上一種特殊的眼鏡。受試者在眼鏡中看到的世界是上下顛倒，左右相反的。一開始，戴著眼鏡的受試者連走路、吃飯、拉門把手這種簡單的事都無法完成。他們報告稱，在顛倒的世界裡，他們感覺世界在劇烈地晃動，同時感到頭痛和頭暈。

幾天之後，受試者開始適應這種倒視，並且能夠完成日常生活中的簡單活動。隨著實驗的進行，儘管受試者眼中的世界依舊是顛倒的，但他們已經學會了許多日常的活動，原

本顛倒的世界也變得正常了。在後續實驗中,受試者能夠戴著倒視眼鏡開汽車,有一個人甚至可以戴著倒視眼鏡開飛機。

實驗證明,人們的知覺完全有能力和新的視覺世界進行互動,從而調整原本的知覺習慣。這一點,對於人類快速適應環境至關重要。對於從事特殊工作的人來說,比如職業潛水夫,要適應一個大小、距離、曲直都發生扭曲的世界,完全依賴於知覺學習去應付。

錯覺是一種特殊的知覺現象。生活中有許多產生錯覺的地方,心理學上也記錄了許多經典的錯覺現象,比如經典的魯賓的面孔(花瓶錯覺)、棋盤陰影錯覺、艾賓浩斯錯覺、伯根道夫環形錯覺等。在這些錯覺中,人們總是無法確定知覺的正確性,甚至為了映入眼簾中的無法解釋的現象困惑不已。

在房間裡放一面鏡子,就會讓人覺得房間變大;商場的價格標籤上總是寫著 99 元、199 元或者 999 元的誘人價格。細想之下,任何人都知道它們和 100 元、200 元、1,000 元沒有差別,不過,人們依然會感覺這樣的價格非常便宜。

之前熱映的電影《哈比人》,不禁讓人想起之前的《魔戒》三部曲。當年看電影的時候,很多人都會疑惑,為什麼電影中的哈比人看起來會矮很多?是不是用了電腦特效?當

然，在這個電影系列中，電腦特效的作用非常強大。但是，導演更是聰明地利用了心理學中的「艾姆斯小屋」原理。

「艾姆斯小屋」，又叫做艾姆斯房間錯覺。根據知覺的大小恆常性，我們知道，圖像的背景為觀察者提供了畫面的深度，如果去掉背景，圖像就沒有了立體感，也就不會產生錯覺。於是，艾姆斯就提供了一個錯誤的背景，造成了兩個相同身高的人，一個顯得非常高大，一個顯得非常矮小。

仔細觀察你會發現，艾姆斯小屋的後牆並沒有與觀察者平行，而是斜的。由於人眼從固定的窺孔觀察房間，房間裡左邊高、右邊低的實際情況也不會被發現。因此，在觀察者眼中一個普通的房間，就會產生一個人像孩子一樣矮小，一個人已經和天花板一般高的錯覺。

在各種經典的錯覺中，龐索也是最常見的一種了。提到「龐索錯覺」，你可能會一時間不知所云，但如果提到「兩小兒辯日」的故事，你一定就知道是怎麼回事了。

古代有兩個小孩，一個小孩認為早上的時候離太陽近，因為那時的太陽最大；另一個小孩認為正午時候離太陽近，因為那時的太陽最熱。這樣的難題，連孔子也「不能裁決」了。

實際上，不僅僅是太陽，當月亮或者星星在地平線上時，看起來也會比在天空中時亮一點。一個合理的解釋就是

龐索錯覺。因為地平線附近有許多作為對比的事物，比如高山、房屋、樹木等。這樣對比起來，人們就會覺得太陽大了許多。

下面，讓我們回到《魔戒》的特效上面，來看一看，身材高大的甘道夫和如孩童一般高的佛羅多，是怎樣神奇地出現在同一個畫面上的。最常用的方法就是從更遠的距離拍攝佛羅多等矮小的角色，從近景處拍攝甘道夫等身材高大的角色。

此外，在《魔戒 1》中，導演曾經為了拍攝哈比人的小屋，製作了兩套背景一致，但是大小不一的房間。在小一點的房間裡拍攝甘道夫，在大一點的房間裡拍攝哈比人。由於房間布置一模一樣，只要透過後期剪接，一個如天花板高的巨人和一個矮小的哈比人就出現在同一個畫面裡了。

第四節
藝術與魔術 —— 感知覺的妙用

　　我們知道，人體的感覺能夠將環境中的物理刺激轉化為大腦願意接受的形式，比如眼睛將電磁波轉變為顏色，耳朵將聲波轉變為聲音。但這只是我們感知世界的第一步而已，大腦處理環境刺激的過程，永遠要比我們想像得複雜。正因如此，即使是能夠將感覺進行辨認、識別的知覺，有時也難免犯下錯誤。

　　在日常生活中，當我們質疑某一件事時，常常會說「耳聽為虛，眼見為實」，認為破解謠言的方式就是親眼所見。可是，你是否考慮過，在某些情況下，即使眼睛見到的也不一定是真的，或者說你的眼睛也會騙你呢？

　　曾經有一位受過良好訓練，並且擁有豐富經驗的心理學家，他叫理查。不幸的是，後來理查的大腦受損，從而改變了他對世界的認知。

　　總體來說，理查的大腦中樞並未受到影響，但是整個感覺資訊的能力出現了不協調。當幾個人同時出現在他的視野中時，他只能看到其中的一個，有時候，他還會將一個人看成是分裂的，比如頭部離開了身體。

101

　　要將零碎的部分看成是一個整體，理查可能需要一種知覺上的「黏合劑」，就像我們處理拼圖一般，將分離的畫面拼湊到一起。比如：當被看成碎片的那個人從他眼前走過時，他需要特別提醒自己，才能將零碎的部分拼湊在一起，知覺成一個完整的人。

　　一旦這種知覺「黏合劑」出現了問題，理查依舊會犯錯。比如：人群中穿同一顏色衣服的人，會被他的眼睛給融合到一起；彼此分離但是顏色相近的東西也會被他看成一個整體，比如放在一起的香蕉、梨子、檸檬等。

　　從理查的故事中可以推斷，我們感覺到的東西，往往不是直接呈現出來的。彼此之間構成連繫的東西，往往需要大腦進行加工，變得完整之後再反映出來。就像是拼貼一堆散亂的圖案一樣，必須先將散亂的部分拼在一起，才能在最後呈現出一個完整的圖像。

　　國畫中採用的留白技巧應用的正是這一原理。留白，就是在畫作中留出空白。當然，白並非沒有，也不是作者的隨心之作，而是一種創造意境的方式。就像齊白石畫蝦，他從來沒有在蝦的旁邊畫過水，只要在紙上留出幾塊空白之處，就能直觀地表現出蝦游在水中。在張靈的〈招仙圖〉中，他也是巧妙地應用了畫面的留白，在空白的畫卷上營造出清冷明月的詩境氛圍。

　　在西方畫作中，畫家則喜歡透過光線、透視等手法，讓人們將破碎的片段知覺為整體。在達利的作品中，〈奴隸市場和消失的伏爾泰半身像〉則恰到好處地應用了這一原理，顯示出藝術的模糊性。

　　人們傾向於將不完整的圖形看成完整的，傾向於將相似的物體組織起來。於是，當人眼看到一個目標時，目標的特徵決定了大腦會將注意力放在哪裡，同時，個體的期望和預想也會參與其中。於是，知覺的模糊性隨之出現。這也解釋了人們為什麼會被自己的眼睛欺騙。

　　那麼，當我們看到一些由零碎片段組成的圖片，或者造成知覺模糊的兩歧圖形時，大腦又是如何工作的呢？目前人們更傾向於相信這一說法：當人看到一個畫面時，大腦會在不同水準上同時加工接收到的視覺資訊。不過，奧德·奧利瓦（Aude Oliva）和菲利普·舒恩茲（Philippe G. Schyns）的研究證明，不同加工之間是存在一個時間差的。

　　研究發現，大腦首先處理那些粗略的資訊，比如畫面的大小、整體特徵，然後才開始觀察畫面的邊緣和細節。實驗證明，對粗略特徵的處理只需要 50 毫秒，對細節的記錄卻需要 100 毫秒。就像一個人站在紐約的中央公園，他首先看到的一定是街邊的大樓，而不是走在街上的行人。

　　臺灣魔術師劉謙憑藉其高超的魔術技巧紅極一時。常言

道，樹大招風。可能是因為劉謙的名氣太盛，同行相妒，也可能因為觀眾的好奇心太強，他每次表演結束僅僅幾個小時過後，各種揭祕的文章就出現在各大網路論壇，甚至有一位知名作家在部落格中揚言：「劉謙帶了一個詐騙團夥來，演了一齣話劇。」

當魔術在年輕人中流行開來，甚至成為人們休閒娛樂的一個途徑時，人們不禁要問，魔術真的是騙人的嗎？所有魔術師都是騙子嗎？

作為職業魔術師的劉謙，曾經到中國北京電影學院做過一次名為〈騙人的表演藝術〉的演講。演講結束後，曾經有媒體問他：「演講的題目為什麼叫做〈騙人的表演藝術〉？」劉謙坦言道：「實際上，魔術師和電影演員都算得上騙子，因為他們都在努力讓觀眾相信，呈現在眼前的角色或者表演是真的。所謂的『演技』，就是一種騙人的藝術。」

既然魔術師本人已經承認，魔術本身是一種欺騙，作為觀眾的我們也不得不承認這一事實。不過，相較於以詐取錢財為目的的騙子，魔術師只不過是用一種障眼的技術，營造了一種知覺上的假象。

魔術表演的過程，更像是一個互惠的過程，魔術師完成了技巧展示，觀眾也得到了娛樂。反觀那些在網路上截取圖片、畫道具結構圖的解密者，難道他們不是因為感興趣才去

研究，才想要知道魔術到底是怎樣進行的嗎？

而且，世界上所有的魔術，尤其是那些神奇的、無法破解的魔術，魔術師都巧妙地利用了心理學的規律，其中包括誤導、暗示、錯覺等心理現象。一些經典的魔術至今無人能解，可見表演者的技法獨特，用心良苦。

1976 年，魔術師大衛·巴格拉斯表演了名為「any card at any number」的神奇魔術。幾十年來，由於其神祕的手法，至今無人能夠破解，因此，人們將這個魔術稱為「巴格拉斯效果」。由於魔術師本人對這一技術的保密，使得有人懷疑這個神奇的魔術並不存在，甚至有人認為這是一個謠言、一個錯誤報導，或者是一個精心策劃的騙局。

由於年代久遠和當時的技術問題，巴格拉斯當年的表演並未被錄製下來，因此，後世的人們只能透過表演流程來猜測其中的奧祕。實際上，「巴格拉斯效果」的道具非常簡單 —— 一副撲克牌，表演過程也很簡潔，是魔術史上操作最少，同時又產生了神奇效果的魔術。

不過，巴格拉斯效果必須遵循四個非常嚴格的標準：一是表演前需要展示撲克牌，證明沒有重複的牌存在。二是由現場的一位觀眾來任意說一張牌，比如梅花 J；當然，這個觀眾並不是樁腳。三是由另外一名觀眾任意說一個數字，從 1 到 52 之間，任何一個就可以，比如 22；同樣的前提，這個

人也不是樁腳。最後，魔術師會邀請第三名觀眾來數牌，結果真的在第 22 張牌的位置找到了梅花 J。整個表演過程的重要環節是，表演者不會接觸牌。

　　當然，如此神奇的技法令人拍案叫絕的同時，也引來了眾多的質疑聲。有人認為現場用的撲克牌是魔術師事先排好順序的，有人則誇張地認為，全場的觀眾都是魔術師找來的樁腳。巴格拉斯一開始選擇了沉默，後來他決定用行動反擊。當質疑他的人看過現場的表演之後，一系列質疑聲也隨之消失了。此後，人們除了驚詫之外，再也沒有人懷疑表演的真實性了。

　　如今，類似「巴格拉斯效果」的魔術只有兩段影片，一段來自劉謙的表演，另一段由美國電視臺錄製。相比之下，美國的那段更接近原版的效果，因為劉謙表演的過程中，切換了幾次撲克牌。

　　雖然巴格拉斯拒絕公開魔術背後的祕密，我們也能猜到，這個效果的原理一定是來自心理學。表演者會透過暗示性的語言或者動作，誘導觀眾選擇表演者想要展示的牌。

　　在「感覺」一節中，我們曾經提過心理學家丹尼爾·西蒙斯設計的那場「視而不見」的實驗。實際上，西蒙斯除了將實驗搬到實驗室門口之外，還在一段籃球影片中加入了「猛料」。

　　實驗者邀請受試者觀看一段籃球比賽的影片。受試者的任務是計算其中三人的傳球數。當然，實驗者的真實目的並非如此。在影片中段，一位打扮成大猩猩的演員出現在了籃球場的正中央，他停留了片刻，並且做出個捶胸脯的動作後才離開。影片觀看結束後，實驗者對受試者進行了統計，結果發現有一半的受試者沒有發現大猩猩出現在影片中。

　　由此，心理學家認為，人們在全神貫注地注意一個目標時，就會自動忽視目標周圍的環境，從而為注意目標節省資源，結果就出現了「視而不見」的現象。魔術師正是利用知覺注意的這一特點來「欺騙」觀眾的。

　　如果你有興趣重新找到劉謙或者其他魔術師的表演影片，仔細觀察一番就會發現，在整個表演過程中，魔術師都在不停地說話或者做動作。他一邊營造輕鬆的氛圍，一邊降低觀眾的防備心理。同時，動作和語言都成為新的刺激，比如手指活動、一個好玩的笑話，從而將觀眾的注意力吸引到別處，此時，他的魔術動作就能夠悄無聲息地完成了。

　　除此之外，魔術師也喜歡利用暗示來左右觀眾的選擇。在撲克牌魔術開始之前，魔術師都習慣向觀眾展示一套新的撲克牌，以證明自己並沒有作弊的嫌疑。接著，魔術師會對任意一位觀眾說：「請隨便選一張牌，記住它，但是不要告訴我。」

　　於是，觀眾就真的根據自由意志選擇了一張牌。實際上，大多數觀眾都會選擇魔術師準備展示的那張牌，因為它在剛才的展示中已經出現了十次以上。而觀眾認為的「自由意志」，不過是不知不覺中受到暗示作用影響的結果罷了。

第三章

睡眠、催眠與夢 —— 潛意識的甦醒

巴爾札克就曾在白日夢中，與他在小說中的人物愉快地對話；作曲家布拉姆斯也曾說過，音符總是在他冥想時，陸陸續續地從腦海中跳出來，助他寫就了眾多經典的曲目。

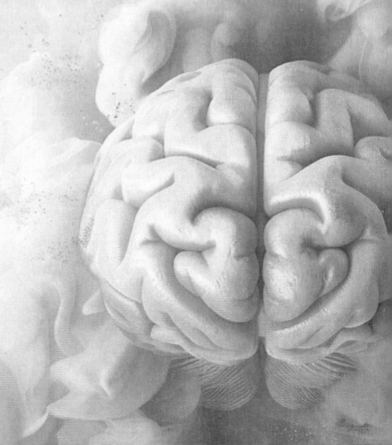

第一節

長睡不起的人 —— 了解睡眠的奧祕

人的一生之中，有將近 1/3 的時間都是在睡眠中度過的。剛出生的嬰兒每天要睡 20 個小時；即使是成年人，每天至少要睡六七個小時。

對於睡眠的功能，最普遍的觀點就是消除身體的疲勞。科學家透過監控大腦活動發現，當人進入睡眠之後，位於大腦下方的腦垂體會釋放出大量的生長激素。這種激素可以幫助身體代謝蛋白質，從而促進人體組織的生長和修復。

世界之大，無奇不有。雖然大多數人每天都用 1/3 的時間來恢復身體的疲勞，也有一些人常常一睡不醒或者從來不睡。

英國有一位名叫撒母耳·希爾頓的男士。他身體健康，沒有疾病，也沒有患上肥胖症。可是突然有一天，他倒在床上就開始睡覺，竟然連續睡了一個星期。周圍人無論用什麼方法都無法喚醒他，最後還是他自己醒過來的。

一年之後，希爾頓再次大睡起來。他的家人請來醫生，用煙燻、用火烤，甚至給他放血都沒產生作用。四個多月後，希爾頓再一次自然醒來。醫生檢查他的身體後，沒有發現任何異常，也無法解釋他長期睡眠的原因。

　　和希爾頓恰恰相反，美國有一個人叫列奧波德·波林。在白天，波林可以連續工作十個小時，他不會感到疲憊，也不會頭昏。到了晚上，他依然精力充沛，可以繼續工作十個小時。算起來，他一天之內只需要睡兩個小時。

　　奇怪的是，波林的睡眠品質非常高，從來沒有躺在床上輾轉反側的經歷。他像所有熟睡的人一樣躺在床上入眠，起來之後還可以繼續工作。

　　對於這種現象，各路醫生給出了不同的解釋，有人認為他患上了極端的失眠症，有人覺得是偶然的事件激發了波林大腦的潛能，使得他不會感到疲憊。究其所以，醫生依舊無法明確解釋這一現象的成因。

　　常識告訴我們，如果由於加班、狂歡之類的原因一夜未睡，第二天我們一定會犯睏，感到疲勞、頭昏腦脹，工作根本進行不下去。於是，很多人都很好奇，對於每天必須睡覺的正常人來說，如果幾天幾夜不睡覺，會出現什麼後果呢？

　　1910 年，曾有人用狗作為受試者，進行了一次「睡眠剝奪」實驗。結果，可憐的狗在經過 293 小時的不眠不休之後，不幸為科學實驗獻身。

　　此後，在 1966 年，一位來自日本的研究者對一名 23 歲的男子進行了「睡眠剝奪」實驗。受試者在連續 101 個小時不睡覺之後，並沒有出現明顯的異常變化，也沒有因此而生

病。他只是表現得有點精神不振，並且出現錯覺和幻覺。不過，經過十幾個小時的充足睡眠之後，他又重新回到了正常的狀態。

後來，一些科學家招募了志願者，進行了一次長達 200 小時的「睡眠剝奪」實驗。實驗者最後得出結論，「睡眠剝奪」並沒有人們想像得那麼嚴重。缺少睡眠對人的身體幾乎沒有什麼傷害，比較嚴重的情況則完全來自心理上，比如長期不睡覺的人會感到疲勞、注意力難以集中、記憶力下降等。

如同那個日本男子的情況一般，實驗之後，志願者只需要痛痛快快地睡上十幾個小時，所有症狀都會消失。不過，個體之間也存在很大的差異。科學家發現，有些人幾天不睡，日常活動依然能夠正常進行，有些人哪怕一夜沒睡，馬上就會疲憊不堪，無法工作。

「睡眠剝奪」實驗證明，對於正常人來說，睡眠是非常必要的，不睡覺會引起許多精神症狀。不過，對於那些兩天沒睡好覺就自稱失眠，神經兮兮地看醫生的人來說，也應該坦然面對一時的失眠。大多數情況下，那些自稱失眠的人都在「偷偷」地睡覺，只是他們本人不自知而已。

如果你始終能夠安然入睡，那是生活中的一件喜事。對於許多患有睡眠障礙的人來說，晚上能睡個舒坦覺都是奢望。

　　無法享受良好睡眠的人，有的是由於自身的身體、心理原因，有的則是因為客觀環境所致。比如：工廠裡的生產線工人。由於工廠通常實行的是輪班制，那麼，當一個人連續兩個星期上夜班之後，就會出現輕微的睡眠障礙，包括無法入睡、多夢、驚醒等。

　　之前我們提過，人如果長期不睡覺，並不會對身體造成明顯的危害，卻有可能產生心理上的一些變化，比如感覺疲憊不堪，注意力無法集中等。正是由於人們心理上的這一點點變化，使得許多工廠頻發作業事故。高速公路上的車禍，多數都是由於駕駛員缺乏足夠的睡眠，疲勞駕駛引起的。

　　美國賓州大學醫學院的大衛‧丁格斯（David F. Dinges）教授研究了缺乏睡眠對人工作情況的影響。他招募了 24 位受試者，並且將他們分成兩組。一組受試者一夜不睡，另外一組受試者則保證充足的睡眠。之後，實驗者會要求受試者完成一些簡單的任務，比如觀察眼前的一幅圖畫，同時，實驗者用腦成像技術對他們進行觀察。

　　實驗結果顯示，一夜沒睡的受試者在完成注意任務的過程中，大腦中的一個區域會出現短暫的停止活動的現象，相比之下，睡眠充足的受試者則不會出現這種情況。丁格斯說，人在一夜沒睡的情況下，腦電波會變得不穩定，有時還會出現短暫的「當機」現象。對於駕駛員來說，一旦大腦在

馬路上「當機」，就可能導致重大的交通事故。

　　另外一些人也研究了缺乏睡眠者的心理情況，實驗證明，長時間不睡覺的人會變得盲目樂觀，傾向於做出缺乏縝密思考的決定。

　　實驗者同樣將受試者分成了兩組，一組受試者缺乏睡眠，另一組受試者獲得充足的睡眠。隨後，實驗者要求受試者參與現金賭博的遊戲，從而比較睡眠缺乏對大腦的影響。結果發現，缺乏睡眠的受試者往往不會從「避免過多損失」的角度考慮問題，反而會更樂觀地「追求獲利」。

　　腦成像技術的觀察結果也是如此。缺乏睡眠導致大腦某些部位的活動增加，相反地，處理負面情況的部位活動減少。這種變化導致缺乏睡眠的人對客觀情況無法進行準確的判斷。換句話說，缺乏睡眠削弱了大腦的決策能力。因而，疲憊的司機才會帶著僥倖心理，在高速路上鋌而走險；長期加班、熬夜的醫生更容易製造醫療事故。

　　這一研究對那些長期熬夜、不按時休息的人是一個不錯的警示。對於那些無法入睡或者睡眠品質不佳的人來說，卻成了又一個需要擔憂的問題。

　　在 2000 年的一項美國民意測驗中，成年人中有超過一半的人報告自己曾經經歷過或者正在經歷失眠。長期的失眠讓他們對自己的身體狀況頗感擔憂，同時，工作中可能發生的

失誤也成為他們新的困擾。然而，當那些聲稱備受失眠之苦困擾的人走進了睡眠實驗室，由心理醫生檢測他們的腦電波時，卻發現這些人的失眠根本不存在。

心理研究已經發現，人類的睡眠其實是一個反覆出現的週期活動。研究者分析了人在清醒時和睡眠時的腦電波變化，從而發現了睡眠中的兩個重要階段 —— 快速眼動睡眠階段和非快速眼動睡眠階段。

當你舒服地躺在床上，開始放鬆，漸漸睡著的時候，腦電波會漸漸慢下來；後期階段，腦電活動開始增加，開始進入快速眼動睡眠階段，這時，你就開始做夢了。實驗證明，快速眼動睡眠階段的腦電活動非常像人在清醒時的模式，這一發現令研究者大惑不解，因此一段時間內，人們將睡眠的這個階段稱為矛盾睡眠。

讓我們重新回到失眠這一話題上。研究者對「失眠者」進行睡眠中的腦電活動檢測時發現，這些人的睡眠情況和享受良好睡眠的人完全相同。也就是說，聲稱自己長期失眠的人可能只是主觀上的感受，實際上，他們的大腦並沒有停止休息。有趣的是，一些腦電活動出現異常，睡眠情況受到干擾的人，卻並沒有抱怨自己經歷失眠。

實際上，失眠並沒有人們想像得那麼可怕。人們之所以會擔憂失眠，很大部分是來自對睡眠的錯誤認知。很多神經

質的患者會找醫生說，我已經失眠一個星期了，會不會引起大病？會不會因此死掉或者瘋掉？我是不是患上憂鬱症了？

這些錯誤的認知引發了內心強烈的恐懼，從而使得睡眠品質越來越差，甚至真的開始失眠。實際上，人體自身存在一個自我保護機制，它會阻止人無限地清醒下去，即使主觀上不去睡覺，它也會在一定時間之後強制身體入睡。除了非常特殊的個體之外，那些聲稱自己幾年、幾十年不曾入睡的人，都是一種錯誤的主觀感受。

心理學家詹姆斯·馬斯（James Beryl Maas）曾經報告過一些「偷偷睡覺」的人。一些飛行員曾經說過，他們偶爾會在工作中小憩一會兒，當他們醒來時，常常發現他的同事也在小憩；對於每天需要應付大量課業的中學生來說，有 1/3 的人會選擇在課堂上睡覺，從而補充夜間無法滿足的睡眠。

第二節
夢境與現實重合 —— 夢與白日夢

　　從前，有一個住在山裡的獵戶，他和妻子在山腳下蓋了一座茅屋。那裡環境優美，景色秀麗，日子雖然過得清貧，但是兩個人都在努力地經營著幸福的生活。丈夫白天外出砍柴打獵，將柴火和獵物送到集市上賣掉後，買回來生活所需的米和油。妻子則在家裡織布、澆園、餵養孩子。

　　一日，天色已晚，丈夫伴著月光，興高采烈地回到家裡。妻子正要埋怨丈夫的晚歸，只見丈夫手裡拿著一盞精緻的油燈。丈夫興奮地說：「看，我買回來了什麼？」

　　妻子錯愕道：「你哪來那麼多錢，買這麼好的油燈？」

　　丈夫說：「我今天運氣好，在集市的大街上，遇到了一個財主。他給我了一錠銀子，買了我全部的柴火和獵物。」

　　「一錠銀子可以多買些糧食，為何要買這油燈？」妻子疑惑地問道。

　　「孩子漸漸長大，妳也要教他讀書、寫字，晚上有個油燈，也好讓他多讀些書，多認些字。」丈夫一邊收拾著身上的工具，一邊把手裡的油燈，小心翼翼地放在了方桌上，囑咐道：「這可要小心地保管，壞了就修不好，也再也買不到

了 —— 剛才回來的時候，山路太滑，我摔了一跤，差點沒把這寶貝丟下河底去。」

妻子用心地把玩著手裡的油燈，小心翼翼地收到了箱子裡。從此以後，這盞油燈變成了獵戶家裡最值錢，也最寶貝的對象。平日裡，都會被妻子收在箱子裡，只有到了晚上，她準備教孩子讀書識字時，才會拿出來用。

不過，這盞珍貴的油燈也給獵戶帶來了困擾。自從上次差點失手把它丟到河裡之後，獵戶每天晚上都會做同一個夢，夢見油燈被人給打碎了。一日，獵戶又做了這個夢，從夢中驚醒的他，連忙跟妻子複述了夢中的場景：「我看到一個模糊的人影，就站在我面前，想要打碎這油燈。我怎麼阻攔，都好像使不上力氣一樣，最後，油燈還是被人打碎了。」

妻子說：「油燈我好好地收在箱子裡了，不會打碎的，你不要胡思亂想了。」

獵戶起床後，匆匆地吃過早飯，又到山上砍柴去了。可是，沒過半日的時間，天氣突變，山裡下起了大暴雨，獵戶只得慌亂地收拾了工具，向家裡跑去。回到家後的獵戶，還在惦記著昨晚的夢。他把油燈從箱子裡拿出來，放在桌子上左瞧瞧，右看看，想要研究一下這油燈是怎麼打碎的。妻子在旁邊一邊織布，一邊哄著哭鬧的孩子，見丈夫傻愣愣地坐

在那裡，也不知道過來幫忙，頓時從心底冒出一股火氣。妻子喊了一聲，他只答應著，卻沒有起身，等到妻子喊第二聲時，獵戶還是靜止地坐在那裡，一言不發。妻子氣憤地從紡車上下來，手裡拿著笤帚指著丈夫說：「你一直盯著那個油燈看什麼，有什麼好看的？好好放在箱子裡，誰能去把它打碎？」丈夫轉過身來，撥開了舉在耳畔的笤帚，結果笤帚從妻子手中飛出去，徑直地打在了油燈上，把油燈打得粉碎。這時，獵戶恍然大悟：油燈原來是這樣被打碎的。

俗話說：日有所思，夜有所夢。白天反覆地思索著一個問題，夜裡做夢，就特別容易夢到。不過，夢裡所見，並不能成為白天現實的預言。就像故事中的獵戶，他之所以一直夢見油燈被打碎，一是因為這盞油燈對於他家來說，太過珍貴，他非常珍惜，內心深處特別害怕它被打碎；二是因為他曾經有過一次摔倒的經歷，差點把油燈掉進河裡，因此，擔心更加強烈。可是，最後油燈被妻子打破，彷彿獵戶夢裡的場景再現，實在是夢境與現實的巧合罷了。

按照佛洛伊德的理論，夢境並不具有預見未來的功能，它是大腦對現實的反映，也是現實中的內心期望在夢中的實現。比如：一個人在寒冷的屋子裡睡覺，熟睡中翻身，不小心露出的雙腳，他會夢見自己光著腳，在刺骨的寒冰上行進，就是因為身體受到了環境中的刺激，意識反應到了夢境

中。再比如：空腹睡覺的人會夢見自己飢餓難耐，到處尋找食物；膀胱受壓迫的人，會夢見自己有尿意，到處找廁所；雙手放在胸口上，會夢見自己被重物壓住、身體無法動彈等等，也是身體受環境因素影響，做出的適當反應。

小時候，我們總會期待出差的爸爸能帶回來新的玩具，結果晚上做夢時，爸爸就真的買了新玩具回來；應對考試的學生，常常在夢中解出來自己答錯的考題；正在熱戀的女孩子，夢見自己穿上了婚紗，成為世界上最漂亮的新娘……這些夢境，則成為現實願望在頭腦中的滿足。就像有人喜歡深夜工作，早上貪睡而不願起床，因此常常在早上夢見自己起床梳洗，出門上班，彷彿心理上有了交代，繼續睡下去也心安理得了。對此，佛洛伊德說：「願望在夢中得到滿足可用來維持精神的平衡，同時也是為了保護睡眠不受干擾。」

每個人都需要睡眠，每個人都會做夢，但是，我們更需要用理智的態度、科學的方法來分析夢中的場景，結合自身的心理狀態，透過夢中出現的事物和情節，更全面地認識自己。說到夢，我們順帶著了解一下另一種特殊的「夢」——白日夢。

在課堂上，你是否常常出神地望著窗外，思索著週末去哪個朋友家玩，卻常常被老師提醒「某某同學，你又恍神了」；在會議上，你是否經常被主管責備「又發什麼呆呢」；

或是在大街上，看著看板上的標語，就痴痴地停在了下面，直到路人一邊推搡，一邊不耐煩地說「麻煩您讓一讓」，才回過神來。

這些恍神、發呆和胡思亂想，就是經常被人提到的 —— 白日夢。白日夢是人在頭腦清醒的時候，帶有幻想情節的一種心理活動。比如：在商店購物的間歇，幻想自己中了一億元的樂透頭獎；或是在工作的空檔，幻想自己飛到了馬爾地夫，躺在柔軟的沙灘上，享受著舒服的日光浴。

可是，老師總是習慣將上課恍神的學生，看作讀書不夠認真，老闆也不喜歡在開會時，仍然心不在焉、把思緒拋到九霄雲外去的員工。人們總是喜歡貶損「發呆」或是「三心二意」的人，因為這樣的人，表面看起來很麻木，精神狀態如同一潭死水，他們的時鐘似乎已經停止，意識也漸漸減速，思想早已不在現實中，游移到不可知的他處。其實，他們不過是在做白日夢罷了。

呆板木訥不過是做白日夢者給我們的假象。人在做白日夢時，看似大腦和肢體都處於靜息狀態，此時的大腦思維卻是最活躍，最具有創造力的。詩人布羅茨基（Joseph Brodsky）就曾寫道：「心不在焉，如同窗口，若其敞開，切莫合上，而要任其大開。」他認為，人的心不在焉，或是與之相似的出神狀態，都能夠激發創造的靈感。巴爾札克

（Honoré de Balzac）就曾在白日夢中，與他在小說中的人物愉快地對話；作曲家布拉姆斯（Johannes Brahms）也曾說過，音符總是在他冥想時，陸陸續續地從腦海中跳出來，助他寫就了眾多經典的曲目。

　　小軍（化名）小時候是一個非常調皮，喜歡做白日夢的小男孩。上課的時候，他就常常看著前排的同學，幻想出一場由他指揮的戰爭。他想像著，在強大的敵人面前，他調動著千軍萬馬，指揮著坐在第一排的小胖和同桌阿宇，還有手下的百萬精兵。他一路過關斬將，拼死殺敵，立下了許多戰功。可是，每次眼看著就要奪下城池了，老師的粉筆頭都會百發百中地扔到他的頭上：「小軍，你又胡思亂想什麼呢？」

　　所有的老師都知道他成績不錯，就是調皮貪玩，上課愛恍神，腦子裡想些亂七八糟的故事，所有同學都會在他被老師丟粉筆時，放聲地大笑，朝他做各種鬼臉。可是，他仍舊抵抗不住白日夢的魅力，時而化作領導眾加勒比海盜的傑克船長，時而化作義蓋雲天的江湖大哥，他還想像過身上長出了一雙翅膀，飛到了天空之城，好像神祇一樣，從遙遠的高空俯瞰著大地。穿梭在各種身分和奇妙的幻境之間，小軍覺得很快樂，也很滿足。

　　上了中學後，身邊的朋友換了，生活的環境換了，老師換了，課本也換了，唯一沒換的是依舊喜歡做白日夢的小

軍。越加聰明的他，總是被大人期望，能夠取得更好的成績，他卻總是在埋頭書本時，再次回到他的太虛幻境。小軍一邊聽著老師講課，一邊幻想自己成為大學的教授，教出了很多優秀的學生，還成為非常有名的學問家；或者幻想自己成為一個非常有錢的企業家，坐著名貴的轎車，身後跟著幾百個助理。他在白日夢中構思未來，也在白日夢中找到了人生的目標。

當所有人都預言，小軍以後不會是個有出息的人，他卻憑藉一部獲獎的小說，被保送到當地的一所名牌大學。在氛圍自由的大學校園裡，小軍繼續做著他的白日夢，並且將他多年來積攢的人物一一寫進了小說裡。無論是幫派老大，還是英勇的將士，都被他描寫得栩栩如生。如今，小軍已經成為一位知名的小說家，他依然在做著各式各樣的白日夢，並且把白日夢當作他寫作靈感的重要來源。

從心理學的角度來說，做白日夢是一種鬆弛神經、消除緊張的重要方法。如果說夜間睡眠時做的夢，是一種內心願望的變相轉化，那麼，白日夢簡直可以夢想成真。在白日夢中，無論是加薪、升遷、出國留學，還是娶妻、生子、成為百萬富翁，都能夠成為現實。這些白日夢的內容，往往就是做夢者內心最關注的事情和最迫切的願望。在白日夢中，由於客觀條件和傳統限制一一消失，做夢者可以自由幻想，也

可以對幻想的目標深思熟慮，反覆強化。有時候，白日夢還能夠幫助做夢者在現實中找到解決辦法。

有了白日夢，生活中的缺憾彷彿少了許多。白日夢讓很多人體會到一種由衷的快樂，而且，當白日夢構思周全，細節詳盡時，做夢者還可以親自嘗試一下。有行動力的人，即使痴迷幻境，也會在白日夢中漸漸規劃自己的生活，藉助夢想的力量，開始自己翩然飛舞的人生。

第三節
神乎其神的催眠 —— 真實的催眠術

電影《雙雄》中，由黎明扮演的心理醫生大炫了一把催眠的技術：他坐在鄭伊健扮演的警察對面，用鄭伊健內心裡一個深藏的祕密吸引了他的注意力，很快，鄭伊健進入催眠狀態。他不由自主地開始移動，然後打開保險櫃，偷走了裡面的鑽石。當警察趕到時，他才終於清醒過來，發現自己可能殺了人。此刻，心理醫生已經解開手銬，逃之夭夭了。

在《沉默的羔羊》中，漢尼拔透過回憶，讓史黛琳想起了童年時期那隻待宰的羔羊，進而使她進入了催眠的狀態。被催眠的史黛琳看到了漢尼拔正在懲罰那個受賄的上司，並且請他吃自己的大腦。隨著催眠的進行，漢尼拔慢慢解開了史黛琳內心的矛盾。

許多電影中都涉及催眠的環節，最經典的鏡頭莫過於催眠師拿著一塊懷錶，在被催眠者的眼前晃來晃去，被催眠者只要用眼睛盯著懷錶幾秒鐘，就會失去意識，陷入催眠狀態。實際上，電影中的催眠十有八九都是虛幻的假象。世界上尚沒有一位催眠師透過說幾句話就能對人進行催眠，也沒有哪個人受暗示性那麼高，五分鐘不到就進入了催眠的狀態。

　　一項抽樣調查顯示，在不使用藥物的情況下，有一半人對於催眠沒有任何反應，其他人會有輕微的反應，至於進入深度催眠的人，則是人群中的極少數。至此，我們不禁要反思，當心理治療的知識和方法變成大眾娛樂的產品時，有多少能夠呈現真實？又有多少人始終在誤讀催眠術？

　　實際上，一個相對客觀的催眠場景是這樣的：一位催眠師正在向一班學生演示催眠。幾個學生坐在教室前面，催眠師讓他們放鬆，然後引出導語，使學生慢慢進入催眠狀態。於是，學生們變得昏昏欲睡。催眠師告訴學生：「此刻，你正處在一種深度催眠狀態，並且將會按照我說的話去做。」

　　催眠師說：「現在，有一個重物，正在用力向下拉你的手臂。」一會兒，學生的手臂真的開始下垂，就像真的有重物在拉他們的手臂一樣。不過，每個人的反應都不同。有些學生很快就垂下手臂，有些學生則需要重複好幾次指令，手臂才慢慢向下動，有些學生則根本不受影響。

　　接著，催眠師說：「一隻蒼蠅正在你們的頭頂嗡嗡叫。」如你所料，有人抬高手臂，試圖拍打想像中的蒼蠅，有人反應緩慢，有人則根本不懂。催眠師提醒觀眾說：「此刻發生的事情，如果我沒有特意提醒，當他們醒來後，他們將不會記得發生了什麼事。」演示的學生醒過來後，問他們是否記得當時的過程，有人的確什麼都沒記住，有人記起來一些片

段，有人則將過程完整地敘述了一遍。

可見，不管催眠師的技藝多麼高超，最終決定催眠品質的依舊是被催眠者的個人特質。一般情況下，在被催眠之前，催眠師都會對其進行一個「受暗示性」的測試。比如：讓被催眠者閉上眼睛，然後拿出兩個重量相同的物體讓他去掂量一下，並問：「你感到哪一個物體更重？」還可以讓被催眠者閉著眼睛去聞兩個無味的盒子，並問：「哪個盒子有香味？」測試的結果會知曉被催眠者的受暗示性，也會決定催眠的品質。

下面，我們來看一個催眠史上的經典案例，來自催眠大師彌爾頓·艾瑞克森（Milton Hyland Erickson）。

曾經有一位年輕女士向艾瑞克森求助，她說：「我現在的體重是 180 磅（約 81.6 公斤），我的目標是 130 磅（約 59 公斤）。我曾經嘗試過減肥，並且成功了許多次，可是，當我的體重成功降到 130 磅時，我就忍不住想要大吃大喝，慶祝自己的勝利。沒過多久，我的體重就又回來了。您能利用催眠的技術幫我回到 130 磅的體重嗎？」

艾瑞克森說：「我可以幫妳減輕體重，不過，我採用的方法妳恐怕不會喜歡。」這位年輕的女士表示：「只要能讓我回到 130 磅的身材，任何方式我都能接受。」「可是，這個過程非常難熬，會令妳非常痛苦的。」「沒關係，我保證，只要是您的要求，我一定全部照辦。」

於是，艾瑞克森將她引入了催眠的狀態。在催眠狀態中，艾瑞克森再次重申了剛才的問題：妳一定不會喜歡這種減肥方式的。在催眠狀態下，女士再次承諾，她一定會按照艾瑞克森的指示行動。隨後，艾瑞克森對她說：「那麼，妳就這樣做吧。妳現在的體重是 180 磅，妳還應該再增加 20 磅，當妳的體重達到 200 磅（約 90.7 公斤）時，就可以開始減肥了。」

在往後的日子裡，女士的體重一直在上升。每上升 1 磅，她就會找到艾瑞克森，請求開始減肥。當她一下子增重 10 磅後，她感到非常懊惱，並且希望能夠收回承諾，開始減肥。當然，艾瑞克森是不會答應她的。即使當她到了 199 磅，艾瑞克森依然沒有答應她的請求。

終於體重達到 200 磅後，她開始了減肥工作。遵照醫生的指示，很快，這位女士的體重就回到了 130 磅。和之前相比，她不再用大吃大喝來慶祝減肥成功了。因為她再也不願意經歷一次增重 20 磅的痛苦過程了。

催眠術到底是怎麼回事呢？有人認為，催眠術是打開人類潛意識的大門；有人認為，催眠是一種半夢半醒的睡眠狀態；有人則乾脆說，催眠術不過是一種偽科學，是唯心主義的發展。無論催眠術存在多大的爭議，至少有一點是毋庸置疑的 —— 人在催眠狀態下受意識控制程度最弱，最容易接受外界暗示。

在普通人看來，催眠好似一種不可思議的神祕技術，就像古代巫師或者魔法師擁有的強大力量一樣，一旦某個人被催眠，就會完全失去理智，任人擺布，做出很多違背自己意願，甚至是犯罪的事情來。在心理學家看來，催眠是一種心理治療的手段，也是一種隨時出現在生活中的現象，它可以出現在雜技、魔術的表演中，也可以出現在沉靜身心的瑜伽運動中。催眠應用在心理學上，則主要用於治療心理疾病、解決心理困惑，就像《無間道》中梁朝偉的心理醫生一樣，幫助他達到身心放鬆，找到心中癥結，治療心理疾患的目的。

如果對催眠術追根溯源，時間就要回到古希臘時代。催眠術一詞，源自希臘神話中睡神的名字，指的是運用心理暗示的方法，和受術者進行潛意識溝通的一種技術。因為人在清醒時，潛意識出於自我保護的功能，會對外界的資訊持懷疑或牴觸的態度，而當受術者進入催眠狀態，就可以根據施術者的引導，將受術者心中的焦慮、恐懼、憂鬱等負面情緒，替換為放鬆、勇氣、自信等積極的情感。在古埃及和古希臘，神廟中的祭司都會用類似催眠的方法為信徒治病，在古代印度，婆羅門的打坐和佛教的坐禪，也是一種類似催眠的行為。

佛洛伊德以他的精神分析享譽天下，在他的心理研究初

期，也曾多次運用催眠的方法，為他的病人解決難題。當時有一位太太，生育後無法給孩子餵奶，經人介紹後，她來到了佛洛伊德開設的診所。當時對催眠術有濃厚興趣的佛洛伊德，果斷地為她實施了催眠術。在催眠狀態中，他向這位太太反覆地暗示：妳的奶水很好，餵奶是一個令人愉快的過程等等。兩次治療之後，這位太太順利康復，同時，也印證了佛洛伊德運用催眠術的成功。後來，佛洛伊德運用催眠術幫助了很多人，在他累積的眾多案例中，最有名的就是一位化名安娜的患者。

安娜是一個出身名門的小姐，她的母親是一位善於交際的婦人，與當時的金融家、社團領導者和社會上的知名人士都有來往，她的兄長也是當時有名的紳士。安娜自小聰慧，智力過人，會說流利的英語，能用法語和義大利語閱讀。她還會騎馬和刺繡，寫過多篇簡短的小說，並且出版。她從小過著上流社會的生活，成長期亦無任何創傷。不過，她的意志力堅強，有時候過分固執，情緒上略顯輕微的誇張，時而高興，時而憂鬱。

安娜 21 歲時，她一直深愛的父親患上了胸膜周圍膿腫。安娜和母親共同照顧父親，不到一個月的時間，她開始出現虛弱、貧血、厭食和睡眠紊亂等症狀，隨後症狀漸漸加重，身體出現痙攣和麻木，最後臥床不起。直到四個月後，父親

去世，她爆發出短暫的情緒激動，之後陷入了深度昏迷。經過一段時間的催眠治療後，她可以在一種「雲霧」幻覺的狀態下平靜下來，她的意識漸漸清醒，能夠講述白天的事件，也能夠非常理智地工作、寫字或者畫畫，並且顯得安靜而快活。

她最顯著的一個症狀，就是在長達六個星期的時間裡，即使乾渴難耐，也不能喝水。經過催眠治療，她講述了自己的童年片段。一段時間，她一直由一位並不喜歡的家庭教師教授課業。一次，當她走入這位女家教的房間時，她看到一隻狗正從玻璃杯中喝水，這一舉動引起了她的厭惡，可是，由於受到尊敬師長的道德約束，她只好默不作聲。可是，這一場景已經深深地印刻在她的記憶裡。在催眠中，她重新體會到當時的厭惡，並且盡情發洩了她的憤怒情緒。幾次治療後，她無法喝水的症狀徹底消失。

安娜在治療中重新體驗了以往的創傷性事件，並且藉由催眠的狀態宣洩了壓抑的情感，症狀由此得以緩解。她自己稱這種方法為「談話療法」，這也是佛洛伊德幾年後，開始對他的病人正式實施的「催眠宣洩法」。

在國外，催眠不僅用作公共服務，出色的催眠師還會協助警察部門，幫助破案和緝凶。香港曾發生過一樁離奇的案件「寶馬山雙屍案」，案件的詭異之處不在於凶手作案手

法的奇特，而是破案過程的不可思議。當時，港島中學的兩位英國籍學生被殺，警方為了獲得更多的細節和證據，請來一位心理學家對當時一位證人進行催眠。證人是一位不懂英語，滿口鄉音的女菜販，在接受催眠後，她竟然用流利的英語講述了案發的詳細過程，說到激動之處，她甚至發出淒厲的叫聲，彷彿親臨犯罪現場一樣。案件很快得以偵破，不過，這其中原因，至今無人能夠解釋。

　　但是，無法解釋的事件，並不能說明催眠就是一種偽科學。催眠是一項專業的心理治療技術。催眠師運用專業的技術，降低受術者的意識警覺，引導受術者進入了一種恍惚的狀態。此時，受術者並未進入睡眠，只是意識強度降低，進入了一種意識模糊，極易受暗示影響的階段，就像《全面啟動》中講述的「意念植入」，催眠治療的過程，就是意念植入的過程。受術者接受「房間正在變冷的暗示」，身體就會感覺到冷，並且全身起雞皮疙瘩，接受「溫度逐漸升高」的暗示，就會滿頭冒汗，渾身燥熱。不過，電影中的一些精采橋段仍然存在過分誇大的嫌疑，比如眼前一塊晃動的手錶就能將人催眠，或是幾句話就讓受術者意識模糊，在現實中的操作並不容易。

▌第四節
▌影響潛意識 —— 奇蹟般的心理暗示

　　曾經有一位心理學家，他對一個已經被宣判死刑的囚犯說：「我們這次選擇放血的方式為你執行死刑，你的血液會用作科學實驗研究，當作是你人生最後對人類的一種貢獻。」死囚點點頭，說：「我犯下了太多無法原諒的罪行，如果我的血液能幫助科學研究，也能夠減輕一些我內心的罪惡感。」

　　於是，心理學家安排死囚躺在了一個小房間的床上，一隻手臂透過單向玻璃，伸到隔壁的房間去。在死囚的房間裡，只能聽到心理學家和助手說話的聲音，卻看不到他們的動作。他聽到各種器材碰撞的聲音。心理學家和助手正在緊張地忙碌著，為稍後的放血做準備。

　　助手問心理學家說：「準備 5 個盛血瓶夠用嗎？」心理學家回答道：「恐怕不夠。這個人塊頭挺大，血量應該不小，還是準備 7 個吧。」兩人話音剛落，死囚就感覺自己的手臂被刀尖劃破，溫暖的血液從血管裡一滴一滴地滴進了瓶子裡。死囚感覺身體裡的血液正在一點點地流出體外，對死亡的恐懼也越來越強烈。等血液滴到第三瓶時，死囚休克了

過去，到了第五瓶，死囚已經停止呼吸和心跳，完全死亡，並且，他的死亡症狀和失血過多而死完全一致。

　　其實，心理學家和助手的對話，不過是為了給他強烈的心理暗示，讓他相信，放血死刑正在執行。而且，助手只是在他的手臂上輕輕劃了一下，並沒有劃破血管。流出他體外的溫暖血液，也是放置在他手臂上一根流淌熱水的細管。細管裡的水一滴一滴地滴進瓶子裡，給犯人造成他的手臂正在流血的假象。所以說，這名死囚並非死於失血過多，而是強大的心理暗示，讓他死於內心的恐懼。

　　人的心理非常複雜，意識活動經常受到外界環境的影響，同時，我們也根據心理暗示的程度，改變著自己的行為。面對困難，積極的心理暗示可以改變心態，調整心情，微笑著面對一切；消極的心理暗示，卻常常會讓原本舉步維艱的困境雪上加霜。

　　比如：一個在考場上異常緊張的學生。現在他的大腦已經一片空白，看著眼前的題目，感覺非常熟悉，卻一點思路都沒有，一個答案都想不出來。如果他能夠運用積極的心理暗示，安慰自己說：「別緊張，這不過是一次考試而已，不能代表我的實力，也不是決定生死的戰場。我只要把我知道的都寫出來就可以了。」稍事休息後，他就可以鎮定地看著考卷，慢慢找回頭腦中的記憶。可是，如果他運用了消極的

心理暗示，越是緊張，越是想不出答案，還不停地自責說：「我怎麼這麼笨？這麼簡單的題目都不會答。如果連這樣一個小考試都考不好的話，未來怎麼參加大型考試？」後果只能越來越糟糕，他不僅會搞砸這次考試，甚至還會影響以後的學習和考試。

生活中有很多積極的心理暗示，消極的心理暗示也隨處可見，比如整天罵自己孩子「你這個豬腦袋」的父母；缺乏自信，相信自己永遠是一隻醜小鴨的小女孩；還有對自己的愛情不能堅持，任由愛人遠走他鄉的年輕人……有一個人，甚至因為可怕的消極暗示，失去了寶貴的生命。

一個冷藏庫的保管員，多年來從事冷藏工作，對冷藏室的溫度和危害都非常熟悉，可是他生性膽小，一直害怕會被關進冷藏室，無人救助，最後被活活凍死。他的同事看到他謹慎的樣子，經常開他玩笑說：「膽小鬼，哪天我們就把你扔冷藏室裡待一宿，看你怎麼辦？」因此，他工作時一直小心翼翼，盡量避免在冷藏室停留太久。

有一次，他的同事們搬完貨物後，真的無意中將他關進了冷藏室。心中極度恐懼的保管員，一邊敲著牆壁，大聲求救，一邊擔心自己多久會被凍僵，多久會被凍死，結果，第二天早上，他就真的被「凍死」了。

然而，他的同事並沒有開啟冷藏室的電源，冷凍機也沒

有工作。一整個晚上，冷藏室的溫度和室外溫度都差不多，
他並不是被凍死的。而且，他被困的冷藏室空間巨大，也不
存在窒息的可能。唯一的解釋就是天生膽小的他，一邊面對
空無一人的環境，一邊擔心自己的狀況，在一整夜不間斷的
心理暗示下，內心的恐懼戰勝了理智，最後自己把自己「凍
死」了。

心理暗示除了透過意識和潛意識的溝通，改變人的心理
狀態，還能夠在行為的一些細節上，幫助人積極地面對生
活。比如：走路時養成抬頭挺胸的習慣，會讓自己覺得整個
人特別有精神；出門前對著鏡子整理儀表，並且對鏡子裡的
自己說：「今天你真好看！」說話時談吐清晰，大方得體，
也會讓自己感到自信沉穩……這些看似微不足道的生活細
節，時間久了，卻可以在不知不覺中，改變一個人的生活
態度。

積極的自我暗示可以調整心態，讓生活充滿陽光，給予
他人積極的暗示，也可以給別人的生活帶來巨大的改變。像
真誠地讚美他人，表揚別人的優點，感謝朋友的幫助，這些
都是具有積極意義的心理暗示。

美國的心理學家羅伯特‧羅森塔爾（Robert Rosenthal）
曾在一所中學裡做過一個實驗。他在學校的眾多班級中挑
選了一個班級，在班級的學生名單上，隨便地挑選出幾個學

生，然後，他找來學生的老師和父母，對他們說：「經過我的觀察和測試，這幾位學生的智商很高，他們的未來會前途無量，請你們一定要好好教育他們。」他又找來被選中的幾名學生，對他們說：「或許你們不知道，你們都是非常聰明的孩子，比學校的任何一個學生都聰明。」

幾個月後，羅森塔爾又來到了這所中學。如今，當時被他選中的幾位同學，已經成為學校最優秀的學生，無論是文化課上，還是創造發明，都表現出驚人的能力和創新想法。心中充滿感謝的老師對羅森塔爾說：「您的眼光真是獨到，他們真的是智商很高，比其他人都要聰明的孩子。」誰知，羅森塔爾竟然不以為然地說：「其實，這幾個學生只是我隨便選擇的，我並不知道他們的智商是多少。」面對一臉疑惑的老師，羅森塔爾把整個實驗的來龍去脈一一說明，他們才明白，原來這都是心理暗示的功勞。

法國心理學家愛彌爾·庫埃（Émile Coué）說：「每一天，我們都以各種方式，讓自己過得越來越好。」快樂和自信往往來自積極的心理暗示，而消沉和自卑，則常常來自消極的心理暗示。面對困難或困境時，運用積極的暗示，練習對困難微笑，練習做最好的自己，才會擁有幸福快樂的生活。

第四章

往事歷歷在目 —— 記憶、遺忘與失憶

在短時記憶內，人們平均只能記住 7 個項目，無論是 7 個數字也好，7 個地名也好，短時記憶的量都不會繼續增加。這個規律後來被稱作「神奇的 7±2 法則」。

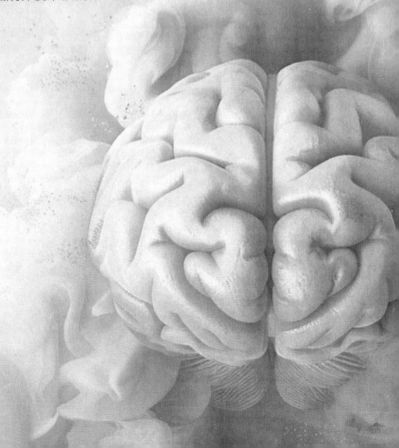

第一節

為什麼是 7±2 ── 暫態、短時與長時記憶

你或許不知道，如今被大眾廣泛了解的記憶，曾經是一個披上神祕色彩的心理學詞彙，吸引了許多古今中外的學者，也引起過全人類的關注。那麼，究竟什麼是記憶呢？《辭海》的解釋為：保持在腦子裡的過去事物的印象，而心理詞典裡是這樣定義的：記憶是過去經驗在人腦中的反映。

我們所有的學習、工作、掌握知識、開展研究，都要依靠記憶。世界發展到今天，人類能夠記錄漫長而又詳盡的發展史，也是因為人類大腦中存有過去的記憶。相信每一個單獨的個體，也都希望擁有過目不忘的記憶力，能夠把所見所聞的資訊，都儲存在大腦中。可是，你知道記憶到底是怎樣構成的嗎？

假設，你正站在一條悠閒、雅靜的街道上，注視著周圍的一切活動，大約十秒鐘後，如果讓你閉上眼睛，你能記起什麼？如果問你，穿藍色衣服的小男孩手裡拿著什麼東西？走在前面的小女生在做什麼？街道右邊的婦女，她的雨傘是折疊傘還是長柄傘？要回答這些問題，如果能睜開眼睛再看一眼剛才的場景，你會感覺更輕鬆一些，更容易回答吧。否

則的話，街道上的場景，將永遠變成一幅模糊的風景畫，氛圍好像仍然在腦海裡盤旋，細節卻永遠都想不清楚了。

人們之所以回憶不出剛剛看到的一個場景，是因為剛剛啟用的感覺記憶，保持時間太短，外界刺激在不到一秒鐘的時間裡，瞬現即逝、須臾即忘。你的眼睛和耳朵能感覺到身邊的事物，大腦卻來不及對它們進行加工和重複，因此眼前的一切都在呈現後的一秒鐘內消失，並且永遠不能恢復。

感覺記憶，又稱為暫態記憶，是大腦記憶的一種，另外兩種分別為短時記憶和長時記憶。這三種記憶，是按照保存時間長短來分類的。其中，短時記憶保存時間在一兩分鐘之內，因此，有人又把短時記憶比作電話號碼式的記憶，好像一個想要打電話的人，他需要先查找號碼，然後心裡默念著號碼，立刻撥號，電話接通之後，號碼隨即忘掉。在日常生活中，短時記憶隨處可見，如學生上課一邊聽課，一邊記筆記；打字員一邊看稿件，一邊打字；同步口譯的人從聽到訊息到翻譯成外語。

長時記憶是保存資訊時間最長的記憶方式，通常從一個小時到一生不等。經過長時記憶加工的資訊，會在頭腦中留下深刻的痕跡，即使有時遺忘，依舊能夠按照線索提示，重新想起來。這些線索可以是一個詞語、一個表情、一個具體的場景或是一個熟悉的動作，當我們想要回憶時，這些線索

就像圖書管理員的標識一樣，按照不同的標識，順利地找到放置在不同地方的資訊。

下面，我們重點探索一下短時記憶的奧祕。

如果有人在你面前展示「普通心理學」一詞，你會用什麼樣方式記住它呢？一般情況下，對於心理學者來說，他會看到一個完整的詞彙「普通心理學」，因為這是心理學者必修的一門專業課；對於略懂心理學的人來說，他可能會看成「普通」和「心理學」兩個部分；對於完全不懂心理學，或者剛剛接觸組合詞彙的小學生來說，他可能會看作「普」、「通」、「心」、「理」、「學」五個字的組合體。

至於為何會如此，我們可以先看一下認知心理學家米勒的研究。

雖然人們非常清楚，在這三種記憶中，短時記憶對整個記憶過程非常重要，但是尚且沒有找到更確切的觀點和證據。直到 1956 年，喬治・米勒發表了一篇名為《神奇的數字 7±2：我們資訊加工能力的局限》（*The Magical Number Seven, Plus or Minus Two: Some Limits on Our Capacity for Processing Information*）的研究報告，才徹底改變了這一局面。

當時，米勒做過一個實驗，他給出一行雜亂無序的數字，要求受試者盡可能多地記住並且默寫出來。實驗的結果顯示，受試者最少能夠默寫出 5 個數字，最多能默寫出 9 個

數字。為什麼受試者的成績會徘徊在 5 和 9 之間？這一結果引起了米勒的興趣。

透過進一步的研究，米勒終於發現，原來 5 到 9 之間的任務量，是短時記憶的容量法則。也就是說，在短時記憶內，人們平均只能記住 7 個項目，無論是 7 個數字也好，7 個地名也好，短時記憶的量都不會繼續增加。這個規律後來被稱作「神奇的 7±2 法則」。

有趣的是，這 7 個項目的容量卻是可以無限增大的。比如給出一串無意義的數字：2471530121987。如果單獨記憶這 13 個數字，按照記憶的容量，人們最多只能記住 9 個，就會有 4 個被遺忘。按照「7±2 的法則」，我們可以將「24」看成是 24 小時，將「7」看作是一個星期，「15」看作半個月，「30」看作一個月，「12」看作一年，「1987」則恰好是一個年分，這樣的話，原本的 13 個記憶任務就變成了 6 個，記憶容量完全可以承擔，一串數字也就輕鬆記住了。如果「247153」或者「121987」是你的提款卡密碼，記憶起來就更加容易了。

像「24」、「15」、「1987」這種被拆分出來的項目，被米勒命名為「組塊」。它是一個有實際容量的單位，只不過容量的大小並不是一成不變的。如果記憶項目之間的連繫緊密，甚至可以縮小為一個組塊，每個組塊的容量就會變大，

相對應地，數量就會變少。比如：19190504。對於不了解歷史的人，它是一串由 8 個數字組成的記憶項目，了解歷史的人就會知道，這是五四運動爆發的時間。一瞬間，原本由 8 個組塊構成的記憶項目就變成了 1 個，記憶任務也會減輕許多。

米勒這一概念的提出，終結了心理學研究多年來由行為主義統治的局面。心理學家開始重新關注心理過程，也開始關注剛剛興起的認知心理學派。同時，組塊的概念也很快進入人們的生活，尤其是學生的生活，成為幫助學習、提高記憶能力的一個重要方法。

在學生的課業中，背單字應當屬於最令人頭痛的了。幸運的是，利用組塊的方式來記憶卻可以有效地減輕學生識記單字的困難，節省時間和精力。比如：如果一個字母一個字母地記憶「Mississippi」需要記住 11 個組塊，但是如果將其分成 Mi － ssi － ssi － ppi，則只需要記住 4 個組塊，大大提高了記憶的效率。

▋第二節
此情此景似曾相識 —— 情景記憶

　　牛頓在專心研究時，除了少量的時間為了鍛鍊身體，出門運動，其餘時間都待在他的書房裡。在那裡，有他最感興趣的物理研究，也有他所作研究的原稿與資料。可是，一次無心的錯誤，卻讓他長久以來的研究紀錄一瞬間化為了灰燼。

　　那是一個星期天，牛頓按照慣例要去附近的教堂做禮拜。等他下午回來時，卻發現書房剛剛經歷了一場火災，放在書桌上的許多珍貴的手稿和研究資料都付之一炬。牛頓感到非常沮喪的同時，更加覺得疑惑不解。他清楚地記得，離開前他吹滅了房間裡所有的蠟燭，桌子上除了一塊普通的玻璃板，沒有任何東西。家裡的僕人那時正在院子裡收拾雜物，並且僕人保證說：「在您去教堂期間，沒有任何人進過您的房子，自然也不會有人進入書房。」

　　牛頓心裡一直惦記著這次失火，可是，重新投入研究的他，並沒有把太多精力用來追查真相。直到時間過了兩個星期，又到了去教堂做禮拜的星期天。牛頓像往常一樣，早上起床後，洗臉、穿衣，準備吃過早飯就出發前往教堂。洗臉

時，當他抬起頭來，對著鏡子，看到自己臉上正在低落的水珠，突然，他的腦海裡浮現了兩個星期前的場景。當時，他也是在這面鏡子前洗臉，一邊洗臉，還一邊思考著剛剛寫完的論文。他突然想到論文有一個地方闡述得不夠充分，需要補充幾個細節。於是，臉上的水滴尚未擦乾，他就迫不及待地來到了書桌旁，將心中所想馬上寫到論文裡。全部補充完畢後，他才用毛巾擦乾了臉，換過衣服，朝教堂走去。

「哎，我真笨，原來是我自己引起了火災。」牛頓自言自語道。

原來，就是牛頓臉上的水滴，導致了書桌上的稿紙起火。他臉上的水滴落在了書桌的玻璃上，由於表面張力的關係，水珠變成了一個半圓形，功能相當於一隻小凸透鏡。這樣，水珠將太陽光聚集到一點，經過長時間的烘烤，溫度達到了紙張的燃點，自然就引燃了桌面上的書稿。

牛頓之所以能夠找到書稿起火的原因，很重要的線索就是他臉上的水珠。根據臉上水滴的提示，牛頓回到了兩個星期前的相似情景中，利用情景再現的方法，回憶起當時的情況，查明了事實真相。他所回憶的場景，就是心理學上經常提到的 —— 情景記憶。

所謂情景記憶，就是一個人親身經歷後，對一個時間、地點和事件發生環境的記憶。比如：你回憶起昨天在公園裡

遇到了一個久違的朋友，並且和他攀談了幾句；或者，你突然聽到了一首小虎隊的歌，就回憶起當年聽歌時的心情，一起聽歌的人，還有當時喝掉的飲料的味道。

情景記憶沒有枯燥的概念和條文，都是實際情況的再現，既生動，又活潑，因此成為很多人協助記憶的一種有效方法。有意識地用環境的刺激來加深記憶，也就是所謂的情景記憶法。

為了更牢固地記住某些內容，我們可以在記憶的時候，設置自己熟悉或喜歡的情景，讓識記內容在情景中生根、發芽，大腦就會連同情景和需要牢記的內容一同記憶。比如小學生背誦詩詞，老師會將詩詞的具體含義描繪成一個連貫的場景，用詩詞的情感鋪墊成環境的背景，像一段小故事一樣講給學生聽，學生記憶起來就比較容易，記憶的效果也非常好。

情景記憶除了可以幫助記憶，還可以幫助回憶。很多電影中都出現過這樣的場景，當某個人失憶時，身邊的朋友為了幫助他恢復記憶，常常會帶他回到原來住過的房間、走過的街道、曾經參加過的朋友聚會等，利用情景再現的方式，幫失憶者喚醒曾經的記憶。在電影《惡魔島》中，當 FBI 搜查官要求一個從惡魔島監獄逃出來的人，按照記憶畫出監獄下水道系統時，他風趣地回答說：「我現在已經記不起來

了，但是如果讓我再逃一次，我就可以想起來了。」

　　這些電影裡的橋段或許有些不可思議，卻也並非天馬行空的想像，它們都是有可靠的科學依據的。心理學家曾做過一個實驗：當受試者學習某種東西時，如果他正處醉酒狀態，那麼過一段時間回憶時，受試者在酒醉狀態下回憶比正常狀態效果更好。有些人甚至在醉酒時藏起來的東西，清醒時想不起來放在哪裡，而重新回到醉酒的狀態，就會很快找到。這些都是利用與過去相似的情景，來刺激大腦中封存起來的情景記憶，從而達到回憶效果的方法。

第三節
發現遺忘的規律 —— 艾賓浩斯遺忘曲線

我們都知道，記憶的保持和遺忘是一對冤家。如果以前儲存起來的內容能夠回憶起來，就說明記憶保持住了；如果一點都回憶不起來，或者回憶的內容是混亂的、錯誤的，就說明大腦發生了遺忘。

人的大腦就像一個資訊的儲存庫，所有經歷過的事物、體驗過的情緒情感、操作過的動作，甚至思考過的問題，都會成為大腦中的記憶內容。比如現在你腦海中的英文單字、唐詩宋詞和名人詩歌，都是透過記憶留在頭腦中的。不過，大腦中能夠儲存的知識，永遠比你學過的知識要少，因為大腦在記憶的同時，還存在著一個遺忘的過程。遺忘是對識記過的資料無法再認（recognition）與回憶（recall），或者錯誤地進行再認與回憶的過程。就好像有一個人，看到一個靈異的鬼故事後，當他向第二個人複述時，總會下意識地刪減一些細節，增加一些原本沒有的段落。如果他是一個偏愛閱讀鬼故事的人，就會增加一些恐怖細節來渲染氛圍，如果他是一個無鬼論者，或是一個邏輯性特別強的人，他在複述時，則會刪去大篇幅的靈異描寫，把原本的故事變得更加合乎邏輯。

　　在一起交通肇事案件的審判中，辯護律師找到了一位目擊證人，想要利用這位證人的證詞，來證明被告人並非超速行駛。可是，在案件審理經過了一個月後，法官卻因為目擊證人對事故現場的遺忘，導致證詞模糊，最後判處被告人的肇事罪名成立。

　　第一次，檢方律師詢問證人說：「當時，你目擊車輛衝撞時，被告的車速大概是多少？」證人回答說：「50 公里左右。」第二次，檢方律師向證人出示事故現場的圖片，並詢問說：「根據這張圖片，你可以判斷車輛衝撞時的速度是多少？」證人看了看圖片說：「超過 65 公里。」

　　一個星期後的第一次詢問，檢方律師要求證人回憶，車輛發生衝撞後，車窗玻璃是否被撞碎，結果，證人憑藉記憶回答說：「車窗玻璃沒有撞碎。」第二次問詢，檢方律師再次拿出了車禍現場的照片，要求證人看著車禍現場的照片，回答同樣的問題。沒想到，證人又更改了供詞，回答說：「車窗玻璃當時被撞得粉碎，滿地都是玻璃碎屑。」

　　由於證人反覆修改供詞，法官對證詞的法律效力提出了疑問，因此取消了目擊者出庭作證的資格，並且宣判被告超速肇事罪名成立。

　　這位證人之所以幾番更改供詞，可能是當時對車禍現場的記憶原本就很模糊，再加上時間太久，遺忘的資訊增加，

最後連他自己都分不清楚到底什麼是真實了。這位目擊者的遺忘情況，恰好符合了艾賓浩斯的遺忘曲線。

赫爾曼·艾賓浩斯（Hermann Ebbinghaus）是一位德國的心理學家，他採用獨創的無意義音節研究人的記憶和遺忘，並於 1885 年發表了他的研究成果。他將實驗資料描繪成一條以時間為橫軸，以記憶保持量為縱軸的曲線，後人將這條曲線命名為艾賓浩斯遺忘曲線。自此，記憶研究成為心理學眾多研究中最重要的一個領域，而艾賓浩斯本人也因此成為發現遺忘規律的第一人。

這條曲線顯示了記憶遺忘的規律：識記後的短時間內，我們總是很快就遺忘剛剛記住的內容，隨著時間的推移，曲線逐漸變緩，遺忘速度也逐漸變慢。到了一定的時間後，幾乎不再遺忘。

這條曲線告訴我們，遺忘並不是均速地進行，固定地一天丟掉多少，第二天再丟掉多少的，而是呈現出「先快後慢」的規律。不過，它也同時告訴我們另一個消息：學習新知識一天後，如果不抓緊時間複習，記住的資訊就會只剩原來的四分之一，時間越長，剩得越少，直到大腦不再遺忘，保持量也寥寥無幾為止。

艾賓浩斯的曲線，也印證了孔子講述的「溫故而知新」的道理。學習如果不能勤於複習，即使當時記憶得再多，理

解得再好，遺忘也會讓大腦慢慢丟掉學過的知識。就像很多期末時臨時抱佛腳的同學，考試前倉促填塞知識，不透過進一步的學習加以鞏固，也沒有隨後進行充分的複習，考試之後，所學所背很快就遺忘了。

根據艾賓浩斯的遺忘曲線，我們知道了遺忘的規律，同時，我們也可以按照這條遺忘規律，找到保持記憶、應對遺忘的方法。大腦記憶時，先記憶的內容會對後來的資訊產生干擾，使大腦對後來的資訊印象不深，容易遺忘；同時，接受的新內容也會干擾到前面的內容，造成大腦只記得新內容，而忘記了以往的內容。因此，對於記憶和複習來說，晚上睡覺前和早上醒來後是兩個絕佳的時段。

睡覺前，由於沒有新知識的影響，可以用來複習白天剛剛學過，或者以前學過的內容。24 小時之內的內容，根據遺忘曲線，大腦會保持 34%，只要稍加複習，遺忘的部分又會重新記在大腦裡。如果在睡前對所學知識稍加複習，識記的資料會很快由短時記憶轉為長時記憶，那麼無論多久，這些內容都不會忘了。

早上起床後，由於沒有之前內容的印象，大腦一整個上午都會處在新鮮的狀態，接受全新的內容會很容易，很多人喜歡晨讀，閱讀古詩文或者背誦英語單字，就是懂得了這個道理。

　　那麼，遺忘究竟是什麼原因導致的呢？先來看一部心理電影。

　　彼得森是一家精神病院的心理醫生。她年輕貌美，專業技藝高超，對心理學的理論和技藝深有造詣，因此，她成為醫院上下眾多男士一致傾慕的對象。不過，她早已被新調任的院長、英俊不凡的愛德華醫生深深吸引。雖然彼得森對他年紀輕輕就能夠取得如此高的學術成就心存懷疑，不過，她終究無法抵擋愛德華醫生的紳士魅力，漸漸地與他墜入愛河。

　　兩人彼此表達過愛慕之情後，彼得森才發現，其實眼前這位男子，並不是她一直崇拜的愛德華醫生，而是一個被某種可怕的事情困擾，失去記憶，也忘記自己是誰的男人——約翰。更可怕的是，此刻的約翰，正在以謀殺真正的愛德華醫生的罪名，被警察追捕。約翰為了躲避警察的追捕，匆匆地從醫院逃跑。彼得森為了了解事情的真相，找到了約翰的藏身之處，並帶領他逃亡到她的老師家裡。和藹的老師和善良的彼得森，運用誘導和自由聯想的方法，在約翰的夢境中找到了答案。

　　原來，約翰是一個由於潛意識中犯罪情結的壓抑而短暫失憶的人。小時候，約翰和弟弟一起坐在屋頂上玩耍，可是，弟弟不小心滑下屋頂，不幸去世。看著弟弟從自己身邊

滑下，徑直摔在柵欄上的約翰，一直對弟弟的死心存內疚，甚至一度認為是自己殺害了弟弟。於是，這個犯罪情結在他心中深深扎根。直到多年後，他和真正的愛德華醫生一起滑雪時，愛德華醫生被人從背部開槍打中，在滑道底端衝下了山崖，再一次引起了他年少時的內疚經驗，在心理壓抑與恐懼的情況下，他一下子忘記了過去的一切，甚至自己的名字。

這部運用佛洛伊德理論拍攝的電影中，充分地詮釋了佛洛伊德對於記憶遺忘的看法。佛洛伊德認為，人們之所以會遺忘過去的記憶，是因為那些記憶裡存在著很多潛意識不願意回憶的內容。通常，人們在遭遇特大車禍、海嘯、地震等重大創傷之後，容易發生這種創傷後的遺忘。電影中的約翰，就是在遭遇了朋友愛德華醫生意外死亡後，為了避免想起童年時的不快記憶，而引發的短暫失憶。

如今，對於遺忘的原因有眾多說法，除了佛洛伊德的觀點之外，其他心理學家也有各自不同的看法。比如：有人認為，人們想不起過去的事物，或者是過去記憶過的內容，是因為大腦中的記憶沒有得到及時的強化。得不到強化的記憶在頭腦中會漸漸模糊，直至到最後慢慢遺忘。

有人認為，我們之所以想不起曾經記憶過的內容，是受到了其他內容的干擾，就像之前提到過的，最先學習的內容會影響後來學習的內容，最新學習的內容也會影響之前學習

的內容。比如：日常生活中，我們常常需要記很多人名，可是那些發音相近，或者字形相近的名字，像白冰冰、李冰冰和范冰冰，就非常容易受到干擾，導致記憶不清。

還有人認為，人腦記憶資訊如同電腦儲存資訊一樣。我們記憶的所有內容，都會像存檔一樣，存在大腦中的固定硬碟上。那些記不起的東西，實際上並不是遺忘，而是提取線索不夠，大腦無法按照線索，提取相關的資訊。就像我們搜尋硬碟裡的檔案一樣，如果副檔名寫錯，或者檔案名稱錯誤，都無法在浩如煙海的資料夾中，找到想要的那個。如果能夠找到合適的線索，任何「遺忘」的內容，都能夠順利地提取出來。

不管怎樣的說法，人們總是會記住一些內容，又忘記一些內容。而能夠彌補忘記的唯一途徑，就是尋找增強記憶、減少遺忘的方法，如同俄羅斯著名的教育家烏申斯基（Konstantin Ushinsky）所說：「我們應當鞏固建築物，而不要等待去修補已經崩潰的建築物。」

與遺忘抗爭的首要條件是進行有效的複習。外界資訊的重複出現，可以使得大腦中的短時記憶轉化為長時記憶。沒有複述的資訊是不可能進入長時記憶的。當所有重要的資訊都經過不斷的複習，全部轉化為長時記憶，就不用害怕記不住了。

第四節
經典的劇情橋段 —— 失憶

　　《我的失憶女友》是一部充滿驚喜與感動的電影，夏威夷的浪漫沙灘和純情、感人的故事，讓它成為 2004 年風靡全球的愛情喜劇片。

　　記憶是一臺強大的掃描器，將生活中的點點滴滴，一一記錄。可是，有些人也難免要面對遺忘或是失憶的問題。遺忘，可能是由於時間過久，大腦一時間無法提取資訊，也可能由於外界干擾，無法準確回憶。只要是存在於長時記憶中的資訊，永遠不會真正地遺忘。失憶，卻成為很多人生活中的悲傷，心中的痛。你瞧，生活在夏威夷海灘，一向快樂無憂的亨利，也遇上了失憶的難題。

　　亨利是海洋館的一名馴獸師，也是一個典型的花花公子。在美麗的夏威夷海灘上，平靜的生活百無聊賴。他除了和朋友的孩子們一起玩耍、嬉戲，就是和美麗的女孩們約會。

　　亨利是一個調情高手，他風趣幽默，陽光開朗，在與他約會過的女孩眼中，他是一個擁有高貴氣質和神祕感的男人。他總是可以在最短的時間內，讓一個陌生的女子愛上

他，同時可以迅速擺脫深陷在愛慕裡的女子。他好像永遠不會愛上任何人，只愛俘獲愛情時那種勝利的快感。

一天，剛剛擺脫上一個約會對象的亨利，來到了海邊的一間咖啡館，準備吃點早餐，然後開始一天的工作。這時，一個坐在對面，正在獨自用餐的女孩露西引起了亨利的注意。她是一個金髮碧眼的美女，正在無聊地擺弄著眼前的食物。亨利坐在了露西的對面，為她用餅乾搭了一座小房子。他們相談甚歡，都有一種相見恨晚的感覺，於是約好第二天一起吃早餐。初戰告捷的亨利非常興奮，滿心期待著兩人第二天的相遇。

第二天早上，當亨利滿臉喜悅地坐在露西面前，準備和她一起吃早餐時，露西好像從沒見過他一樣，把他當成了隨便搭訕的輕浮男子，用強硬的態度拒絕了他。從未被女孩嚴詞拒絕過的亨利，一時間非常失落。後來，他從咖啡館老闆娘那裡得知，原來露西一年前出了車禍。由於大腦的損傷，她患上了短時記憶失憶症。她的記憶永遠停在車禍發生前，而現在發生的事情，她只能暫時記住，過了二十四小時之後，她就像什麼都沒發生一樣，意識又回到了車禍前的狀態。

得知露西的遭遇後，亨利一時間有些手足無措。但是，當他發現自己已經愛上了這位可愛的女孩，他決定每天按時出現在咖啡館，讓她每天愛上自己一次。

不要覺得這只是發生在螢幕上的愛情童話，在現實中，一對英國夫婦每天都在上演《我的失憶女友》的劇情。

妻子的名字叫做蜜雪兒·菲爾波茨（Michelle Philpots），她曾經先後遭遇過兩次車禍。車禍的撞擊導致她的大腦受損，並且漸漸患上了短時記憶喪失症。從此之後，她只記得1994年之前發生的事，就像露西一樣，每天早上醒來，她都會將前一天的事情忘得一乾二淨。而她的丈夫，則需要每天拿出照片，向她證明他們已經結婚，他是她的丈夫。

劍橋大學的神經科醫生說，蜜雪兒患上的失憶症屬於順行性失憶症，即她會忘掉某個時間點之後發生的事，而之前的記憶卻保存完好。雖然順行性遺忘會讓人很快忘掉剛剛做過的事，但不會影響人的行為舉止。而且順行性遺忘的患者完全沒有煩惱，任何在別人看起來枯燥、無聊的事，他們都會像第一次遇到一樣，快樂地享受。

按理來說，相對於蜜雪兒和露西這種順行性遺忘患者，那些患上逆行性遺忘的人似乎要痛苦得多。因為他們往往會喪失之前所學的知識和技能，即使是三四十歲的成年人，也需要重新學習生活技能，重新認識身邊的朋友和親人。

不過，心理學家的研究發現，即使逆行性遺忘的患者喪失了大部分的外顯記憶，他們的內隱記憶似乎隱隱存在，而且會在無形中指導著病人的行為。

　　1960 年，一位名叫尼克的年輕人經歷了一次意外的腦創傷。當時，作為空軍雷達技術員的尼克正坐在桌子旁邊，而他的同事在玩一把鈍頭劍。當他站起來轉過身去時，同事正在做一個刺殺的動作。於是，鈍頭劍從尼克的右鼻孔插入他的左側大腦。

　　這次事故使得尼克喪失了方向感，同時也患上了失憶症。他忘記了許多剛剛發生過的事情。如果他在看一份報紙，當他讀完最後一句時，開篇的第一句話他已經不記得了。當尼克成為失憶症研究的受試者之後，研究人員發現，實際上他並沒有忘記所有的事情，他仍然記得做一些事情。

　　比如：他不記得一道菜的配料是什麼，但他卻能按照食譜的要求將食物混合、攪拌、燻製。也就是說，他大腦中負責外顯記憶的部分受到損傷，但是負責內隱記憶的部分仍在工作。雖然有些時候，它們已經喪失了外顯的功能。

　　回顧人們研究記憶的歷史，人們對失憶症的研究似乎早已經悄悄開始了。

　　1845 年，一位英國的醫生第一次報告了自己對失憶症患者的觀察。一位由於溺水時間過長導致大腦損傷的婦女患上了失憶症，奇怪的是，她已經無法記住做衣服的過程，但是她學會了裁剪布料的手藝。

　　到了 1887 年，塞吉・高沙可夫（Sergei Sergeyevich Korsakov）等人報告了對失憶症患者的研究。他的研究對象是那

些由於長期酗酒造成了海馬受損，進而患上失憶症的人。在實驗中，高沙可夫使用了詞幹補全的方法，以測驗失憶症患者的記憶能力。結果顯示，病人能夠順利完成詞幹補全的測試，卻無法完成線索回憶的測試。

實驗證明，長期酗酒的人不僅會導致神經系統受損，還會表現出記憶的受損，即遺忘。不過，病人的損傷僅僅影響了外顯記憶，他們的內隱記憶卻依然保存完好。由於高沙可夫針對失憶症患者的無意識記憶提出了系統的理論，後人將失憶症命名為「高沙可夫症候群」。

1968 年，英國的神經心理學家伊莉莎白・沃林頓（Elizabeth Warrington）和勞倫斯・韋斯克蘭茨（Lawrence Weiskrantz）首先研究了失憶症患者的內隱記憶。他們的研究顯示，即使是深度遺忘的患者，他們的內隱記憶也會保存完好，甚至長時間存在。

在實驗中，研究人員給失憶症患者進行了一些間接測試，比如殘圖識別、詞幹補全測驗等。結果顯示，當研究人員使用詞根作為線索時，失憶症患者能夠記憶之前學習的詞表；當使用詞段作為線索時，病人的成績就無法保持在正常水準。

實際上，以詞根作為線索的測驗與內隱記憶相關，以詞段作為線索的測驗則與外顯記憶相連。很顯然，在失憶症患者身上的外顯記憶遭到了破壞，但是內隱記憶卻並未受到影響。

第五章

與尊嚴無關 —— 心理學意義的「人格」

　　世界上沒有完人，也沒有完美無瑕的人格。要想造就健全的人格，做一個身心健康的人，擁有幸福的人生，不妨藉助心理學的方法來自我完善和超越。幽默與昇華這兩種成熟的心理防禦機制都是實現自我超越的有效途徑。

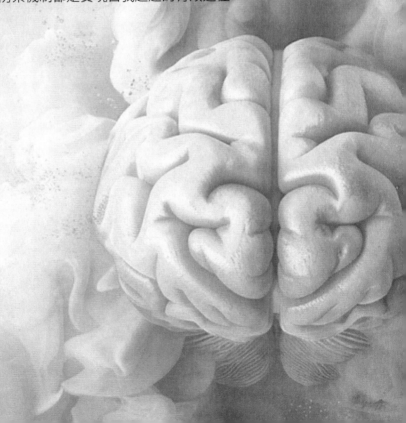

第一節
「人格」這件事 —— 人格與氣質

　　中午休息時間，一座商業大廈的職員紛紛作鳥獸散，尋找填補空空如也的肚子的地方。一位男子吃過了飯，正在大街上隨意閒逛，突然，他看到一位年輕的女子迎面走來。他不自覺地上下打量著美眉的臉蛋、身材和穿著打扮，同時腦海中的一個聲音在悄悄響著：「哇，這女孩真漂亮，身材也不錯，如果做我女朋友的話，肯定超級爽。」這時，頭腦中的另外一個聲音說：「不行，你怎麼這麼不要臉啊，還沒認識人家，就開始胡思亂想了。」之前的聲音說：「還是跟著她，製造機會，和她認識一下吧！」另外一個聲音又說：「不行，休息時間馬上就到了，等等還要回去上班呢！」就在兩個聲音爭吵不休的時候，大腦裡出現了第三個聲音，說：「你們不要吵了，趕快走過去跟她要電話，下班之後再打給她，就這麼辦吧！」於是，男子笑嘻嘻地向著走過來的女子說：「妳好，我叫小李……」

　　這樣的場景，在我們的生活中稀鬆平常。可是，你一定不曾想過，這樣短短幾秒鐘的爭論中，出現了人格中三個完全不同的角色 —— 本我、自我和超我。

按照佛洛伊德的理論，人格分成本我、自我和超我三個部分。當男子見到漂亮美眉，想要製造機會，認識一下，想要對方做自己女朋友時，就是受到本我的支配。本我屬於人格中最原始的部分，一般由人類最基本的需求組成，比如飢餓、口渴、性等。本我遵循快樂的原則，一旦出現，必須立刻滿足，就像嬰兒飢餓時會大聲哭泣，要求喝奶，而不會考慮時間是清晨還是半夜。

與本我爭論不休，就是超我的職責。它會按照社會道德的標準，來壓抑本我的衝動，就像男子腦海中的第二個聲音告訴他的 —— 「沒有認識人家，就不要胡思亂想」。還有「休息時間馬上就到了，下午還要上班呢」。超我是人格中接受社會約束而逐漸形成的，它會按照完美的原則，要求人的行為符合理想的標準，或者規定人的行為不要犯錯。

最後出場的，調和爭吵的和事佬，就是自我了。它存在於本我和超我之間，負責緩衝本我的原始衝動，調節超我的完美管制。自我會按照具體情況的要求，來指揮人的行為。就像故事中的男子，最後依從自我的決定，「走過去跟她要電話，下班之後再打給她」。自我遵循的是現實原則，如果本我的需求無法立即滿足，它就會依從現實的情況，找尋滿足本我的方法，同時，讓本我的衝動，符合超我的道德要求。

人格中的這三個層次，是相互交織、相互作用的一個整

體。它們遵循著各自的分工，變成了三個完全不同卻又緊密
相連的角色。本我反映了人的生物本能，屬於「原始的人」；
自我按照現實原則行事，屬於「現實的人」；而超我向來追
求完美，代表人的社會性，屬於「道德的人」。通常情況
下，這三個角色能夠和平相處，保證一個人的正常發展。如
果三者之一發生失調，都有可能產生可怕的行為，甚至危害
他人。比如：本我衝動過於強烈，就不會顧及道德和法律，
為了滿足原始需要，無惡不作，甚至發展為反社會人格。

老王本是一個社區內的普通工人。他在工廠上班時，一
直都是三天打魚兩天晒網，工作業績總是勉勉強強。被資遣
之後，待業在家，靠著社會救濟金艱難過活。其實，在他
十八歲時，曾參與入室偷竊，被關押了一年半。不過，認識
他的人都不曾想到，十幾年過去了，他不僅沒有改掉偷盜的
毛病，反而愈演愈烈，發展成為危害社會的大盜。

剛剛失業時，老王還能去找一些臨時工作，幫助妻子貼
補家用。隨著失業的人越來越多，找工作越來越困難，他開
始整天待在家裡，賭博、酗酒、和妻子吵架。兩年後，妻子
忍無可忍，決意和他離婚，獨自帶著孩子回娘家生活。

離婚後的老王意志更加消沉，一直沒有正式的工作，生
活也變得更加拮据起來。一開始，他只是在手頭緊的時候，
偷路人的手機或者錢包，解決一下燃眉之急。後來，偷盜上

癮的老王，發展到入室偷竊、入室搶劫、強姦和蓄意傷人。用他自己的話說：「有那麼一段時間，一天不幹點壞事，我渾身都覺得不自在。」

在他歸案後，心理學家曾對他的人生經歷進行過細緻的分析：「老王用偷盜來滿足自己的欲望，無法控制的時候，甚至成為一種習慣和自我安慰的方式。他不會認為偷盜是可恥的，是違法社會道德的行為，而只會認為是一種很刺激、很有意思的事。老百姓稱這種人為『冷血動物』，其實，他是因為缺乏共情能力，而漸漸發展出來的反社會人格。」

我們知道，每個人都是有私欲的，也就是說，每個人都有最原始的本能衝動。貪婪、占有欲和尋找快樂，都是人格中最原始，也最重要的部分。但是，普通的人透過自我和超我的調節，能夠讓自己的行為按照社會的標準進行，在滿足個人欲望的同時，還會考慮到行為的後果。但是，如果一個人過分放縱本我的衝動，而輕視了超我的社會要求，也不接受自我的緩衝調節，就會不顧及他人的感受，將外界世界看作發洩私欲的工具，透過傷害他人，尋求原始衝動的滿足。

下面，我們再來了解一下人格中的先天基礎 —— 氣質。我們常聽人說，「這個女孩真有氣質」，或者稱讚某個男演員「很man」，很有男子氣概。這種氣質，指的是一種社會表現，是一個人從內到外散發出來的人格魅力，包括修養、品德、行

為舉止、接人待物等方面。一般，我們習慣用落落大方、溫文爾雅、豪放大氣、不拘小節這樣的詞彙來形容一個人的氣質。這種氣質，不是憑藉誇讚說出來的，而需要長久的時間，在內心修養和文化積澱上持之以恆的薰陶，才能形成。

在心理學上，還有另外一種氣質。不過，此氣質非彼氣質。人格中的氣質指的是一個人生來就具有的、各種心理活動的動力特徵，是人格的先天基礎。而我們通常所說的氣質是根據人的姿態、長相、穿著、性格、行為等元素結合起來的，是給別人的一種整體感覺。人的氣質差異是先天形成的，就像一個嬰兒剛出生時，最先表現出來的差異就是氣質差異 —— 有些孩子愛哭好動，有些孩子平穩安靜。

早在西元前 5 世紀，古希臘有一位醫生，叫做希波克拉底。他很早就觀察到人有不同的氣質，他認為，人體內有四種體液：血液、黏液、黃膽汁和黑膽汁，如果這四種體液調和，人就會健康；如果這四種體液失調的話，人就會生病。後來，有人根據人體內的這四種體液的不同比例，將人的氣質劃分為四種不同類型，即多血質、黏液質、膽汁質和憂鬱質。

不同氣質類型的人，會表現出不同的人格特質：

◈ 多血質的人，靈活性高，易於適應環境變化，善於交際，精力充沛而且效率高，代表人物就是榮國府的王熙鳳。

◎ 黏液質的人，反應比較緩慢，但是意志堅定，能夠持續
　而穩健地辛勤工作，情緒不易激動，也不易流露感情，
　代表人物就是薛寶釵。

◎ 膽汁質的人，情緒易激動，反應迅速，脾氣暴躁，有一
　種猛烈燃燒的熱情，能以極大的熱忱投身於事業，卻常
　常不能自制，代表人物就是以火爆脾氣著稱的張飛和
　李逵。

◎ 憂鬱質的人，心思細膩，優柔寡斷，有些孤僻，情緒完
　全由周圍環境決定，即使是微弱的刺激，也會產生強烈
　的反應，最具代表性的人物，就是林黛玉。

　　其實，氣質是人的天性，本無好壞之分。它會將群體中
的人自然地分成不同的類型，卻不會決定一個人的社會價
值，更不會影響一個人的人格發展。任何一種氣質類型的人
既可以成為品德高尚，有益於社會的人，也可以成為道德敗
壞、有害於社會的人。每一種氣質都有積極和消極兩面，如
膽汁質的人，可能成為積極、熱情的人，也可能發展成為任
性、粗暴的人；多血質的人情感豐富，工作能力強，易適應
新的環境，但注意力不夠集中，興趣容易轉移，常常做事無
恆心等。在個人發展中，可以憑藉自我約束和用心培養，調
節氣質中的負面，幫助自己形成一個完善的人格。

第二節
造就人格的關鍵期 —— 童年與人格形成

　　首先，我們來聊聊孩子的出生順序對性格和前途的影響。這是一個非常有意思的話題。

　　每當談起家中哪個孩子成績最好、哪個孩子最會照顧人、父母上年紀後可以依靠哪個，大家都會不約而同地想起老大；而提到最任性、最會闖禍、最讓人不放心的那一個，多半是指最小的弟弟或妹妹。當然，無論你是家裡的老大還是老么，本身並沒有高低優劣之分，但是，卻有越來越多的研究顯示，家庭中的出生順序會對一個人的人格發展產生巨大的影響。

　　中國有句俗話說：「老大傻，老二尖。」就是說老大比較笨，老二比較聰明。其實，這個「傻」，並非真的說老大沒有老二聰明，而是相較於外向活潑、機靈聰明的老二，老大要顯得忠厚老實一點。通常，家中的老大都是做事踏踏實實，富有責任感，沒有那麼多心機和鬼點子。當然，這一性格的養成，和父母對待他的方式、與兄弟姐妹間的相處都有一定關係。

　　奧地利心理學家阿德勒最早提出，出生次序會影響一個人的生活。他認為，長子和長女會享有家中獨生子女的優越

身分。因為，當家中還沒有其他弟弟妹妹時，老大會被父母當作獨生子女對待，用高漲的熱情來迎接家中第一個孩子，將全部的精力放在關注他和教育他上面。一項調查顯示，在一個多子女的家庭相冊中，老大的照片要遠遠多過其他孩子，而在第二個孩子出生後，家裡的照片數量則開始減少。

在弟妹未出生前，老大獨享父母全部的愛，習慣了成為關注的中心，當弟妹出生後，老大會力圖保持自己先前的特權。有些老大能夠在弟妹間，行使教育、管制和活動指揮的權利，自然而然地變成團體中的領導者，因此老大做事更像成年人，成年後做事會考慮得更周全，更有責任感，而且能夠順利地適應社會壓力，成為組織中的領導者。

隨後出生的第二個孩子，一出生就要與哥哥分享父母的關注，會產生內心的不平，會感覺自己被哥哥奪走了所有的榮耀。因此，第二個孩子往往與老大站在對立面，不過，這種對立並不意味著兩人關係不好，生活中處處為敵。可能在整個人生中，第二個孩子都會將哥哥當作自己的第一個榜樣，永遠在試圖超越哥哥，因此他會更有創造力，取得更大的成就。不可避免的，他也會一直生活在哥哥的陰影中。

而排行最後的孩子，也就是所謂的老么，常常會被當作嬰兒看待，接受父母最多的關注，總是能夠得到來自哥哥姐姐的幫助和關懷。父母這時已經具有了養育孩子的經驗，對

他們的管制不會像對哥哥姐姐那樣嚴格，因此他們自己也會
表現得像個孩子，任性、頑固、愛計較，時刻享受別人為自
己提供的服務。不過，老么也常常是被全家人寵壞的那個，
性格懦弱，無法成就事業。比如：老羅斯福成為美國的總
統，而他的弟弟艾略特卻潦倒一生，最後死於酒精中毒，年
僅 34 歲；柯林頓的才華備受矚目，他的弟弟小羅傑卻因為涉
毒在監獄中度過多年；小布希從政的手段強硬，卻免不了他
的弟弟尼爾備受經濟醜聞的困擾。

其實，在很多名門家族都存在哥哥姐姐風光無限、弟弟
妹妹備受壓抑的情況。其中，一部分原因來自老大過於出色
的成績，或者過分耀眼的光環；另一部分原因，則是出生順
序，決定了每個人不同的命運。當然，這不是絕對。

接下來，我們再來了解一下父母不同的教養方式對孩子
人格形成的影響。

一個人樂觀自信，不怕失敗，活躍而有創造力，我們就
會說：「這個人具有健康的人格。」若是一個人常常沒有安
全感，常常自卑，或常常主動攻擊他人，我們就會說：「這
個人可能有人格障礙。」不同的人在不同的環境下成長，一
定會擁有不同的人格發展路徑。

人格分為性格和氣質兩個部分，氣質是天生就注定的，
但是，人的性格形成卻是一個長期的、潛移默化的過程。雖

然這其中也有遺傳和社會文化的影響，但主要影響仍在於後天的家庭環境。人格一般在一個人的幼兒和兒童時期形成，很多父母都認為這個時候的孩子太小，什麼都不懂，殊不知，這時正是他們人生中最重要的時期。

父母組成的家庭是每個人成長的搖籃，也是在一個人的一生中，打下深刻烙印的外部環境。一個裝修奢華、物質充裕的家，並不一定會帶給孩子快樂、充滿陽光的童年。相反的，一個房屋簡陋，但整潔有序、健康向上的家，卻能幫助孩子養成樂觀、開朗的性格。因為家庭的溫暖氣氛、親人間的輕鬆交往和父母的教養方式，對孩子來說才是最寶貴的東西。

父母不同的教養方式，就會導致孩子形成不同的人格。按照一般的分類，家庭教養方式分為四種：民主型、專制型、溺愛型和放縱型。民主型的父母會鼓勵孩子獨立，溫和地詢問孩子的意見，在悉心引導中，幫助孩子做出獨立的決定。因此，在民主型家庭成長的孩子，會具有獨立的思考能力，平等待人的意願。

專制型的父母，對待孩子，就像古代的帝王對待臣子一樣。強迫孩子按照自己的想法做事，一旦犯錯，就用嚴厲的懲罰解決，非打即罵。這種教養方式，通常會讓孩子失去安全感和歸屬感，始終處於一種緊張的狀態。他們不會覺得父母是世界上最親近的人，甚至會故意疏遠。在專制型家庭長

大的孩子，常常孤僻、不合群，找不到自信，嚴重時還可能性格執拗，對外界充滿敵意，有些神經質。

放縱型的父母有些不負責任，他們將孩子放在一邊，不聞不問，放任自流。這樣的孩子，由於從小就沒有感受到父母的關愛，因此情感冷漠，無法與人建立親密的關係。而且，還會因為無人關心他們的行為，而形成自由散漫的性格，很難有所成就。

溺愛型的父母與放縱型恰恰相反，他們往往對孩子過分關心，過分關注，對孩子的一切要求又是百依百順，父母從未拒絕他們的要求。因此，這樣的孩子長大後，往往自私、任性、過分依賴他人，而且懶惰，蠻不講理。

小周是一個 18 歲的男生，今年上高中二年級。身材挺拔、長相清秀的他，小時候特別討人喜歡，鄰居家的叔叔阿姨都稱讚他活潑、聰明，還特別懂事。可是，自從上了高中之後，他不僅經常翹課，還開始沉迷線上遊戲。從一開始的每週一次去網咖玩，發展到每天晚上偷偷溜出去玩，如今，已經演變為翹課、騙父母的錢，整日沉溺在網路虛幻世界裡的地步。小周為何從小時候聰明懂事的孩子，變得如此叛逆不羈？從他的成長環境中，或許可以找到些端倪。

小周出生在一個普通的家庭，父母原來都是工廠的工人，每天按時上班，按時下班，媽媽每天晚上都會輔導他的

功課，一家人歡歡笑笑，其樂融融。可是，自從父母雙雙失業後，開始做水產生意，小周的生活也隨之發生了變化。

因為爸爸媽媽每天做生意特別忙，不是出差洽談生意，就是出門應酬客戶，於是，小周小學三年級時，就搬到爺爺奶奶家，和他們生活在一起。爸爸媽媽週末去探望他一次，替他買最好的學習用品、最新款的運動鞋，給他大把的零用錢，可是永遠只打聽他的功課好不好、有沒有和別人打架，和小周之間從來沒有過深刻的交流。

小周讀國中後，有一次，因為小事和同學動起手來，被打得不輕。周媽媽接到電話，在百忙之中趕到學校，可是，還未搞清楚事實的周媽媽，劈頭蓋臉地訓了老師和打人的同學，還揚言要到醫院驗傷，要求學生家長和學校賠償。經由老師的一番解釋，才知道是小周誤會別人拿他的東西，先動手打人的。臨走時，周媽媽偷偷地告訴小周說：「以後有人欺負你，不要害怕。誰打你，你就把他打趴下。」

升上高中後，小周和一群不良少年成了朋友。他們的共同愛好就是蹺課、打架、玩線上遊戲。後來，小周上網成癮，經常整天整天地蹺課，還向同學借了很多錢。周媽媽得知後，主動幫他還清債務，並且在爺爺家為他買了一臺最新型的電腦，「如果你要上網、玩遊戲，放學回家玩就行，何必到外面去呢？」說著，她留下一筆錢給小周，繼續忙公司的生意去了。

　　直到高二的一天，小周和身邊的幾個同學連續一個星期在家裡打遊戲，既沒有上課，也沒有請假，被學校勒令退學之後，小周的父母才意識到問題的嚴重性。

　　從小周的成長過程中可以大概了解到，小周父母的教養方式屬於溺愛加放縱型的。在孩子的成長過程中，父母如果只滿足孩子的物質需求，毫不顧及孩子的心理感受，在長時間的放縱和忽視下，很可能讓孩子形成孤僻、以自我為中心的性格，還可能因為親情上的冷漠而交到損友，走向自我墮落的迷途。

　　在眾多的教養方式中，最可取的就是民主型的父母。民主的家庭氛圍會給孩子一個充滿愛的環境，能夠給孩子帶來安全感和歸屬感。如果一個人在父母的家庭中無法感受到愛和被愛，那麼他成年後，也很難去愛人和尊重他人。另外，民主的家庭環境會尊重孩子的想法和做法，讓他在人格中慢慢建立起自尊和自信，這樣的孩子情緒穩定，感情豐富，能與人和睦相處，也較容易實現目標。

　　最後，是一個不容忽視的問題 —— 童年創傷在一個人的人格和心理上留下的烙印。每個人在不同的環境下生長，對自己的童年往事和少年回憶都有著不同的感悟。無論是愛，是痛，是悔恨，是愧疚，任何人都無法擺脫童年生活對自己一生的影響，童年的心理創傷也會影響一個人的人格和命運。比如：單親家庭的孩子總是習慣在相戀的異性身上尋找

成長中缺失的關懷和溫暖；遭受家庭暴力或虐待的孩子更容易形成強迫人格，甚至出現反社會行為；在年少的愛情中遭遇拋棄或背叛的人，則會影響一生的戀愛和婚姻。

在很多人的生命中，由於童年的不幸造成成年後引發的問題往往數不勝數，帶給自己痛苦的同時，也給身邊的人帶來慘痛的經歷。心理越不成熟的人，在人際交往中，往往越容易依賴對方；心裡越沒有安全感的人，在愛情裡越容易變本加厲地從戀人身上彌補過去的傷害；越是感到自責或者愧疚的人，越容易封閉內心，拒絕向他人交付情感。

小昕和阿占是兩個同病相憐的人，他們同樣渴望來自他人的溫暖，同樣渴望被愛，卻始終無法擺脫早年的情感陰影，在擺脫痛苦、尋找自我、尋找愛情的路上，波折前進。

小昕是一名作家，運用豐富的想像力，在文字中幻想著一個個生動的人物，讓人動情的場景。可是，有時候過分地運用想像力，卻讓她的生活充滿了恐怖和驚悚。

她剛剛搬到一個新的住處，就遇到了一系列詭異的事情。房東說，他的妻子和兒子死於暴雨後的土石流，於是她在衣帽間的鏡子裡，看到了兩個滿身泥水，面目猙獰的人影；洗澡時，她會看到一個男人朝著她大聲地哭泣；房間裡的水管每天半夜，都會叮叮作響……這一切恐怖的事件，讓原本敏感脆弱的小昕，陷入了瘋狂的境地。

　　在表姐的介紹下，小昕來到了阿占的心理診所，想要藉助心理醫生的幫助，解開一直困擾自己的心結。在阿占幾次細緻的問詢下，小昕的少年往事也開始顯露無遺。原來，在她幼小的時候，父母離異後將她拋棄，先後移民到澳洲，留下她一個人孤獨地生活。從小經歷人情的冷漠，生活的慘澹讓她漸漸變成了一個閉塞而自卑的女孩。她總是想要在男朋友的身上尋找依靠，可是她強烈的占有欲和霸道無理，卻又讓身邊的男孩子心生畏懼，一個個地離開她，重新去尋找愛情。每一次的戀愛、分手，都讓小昕原本脆弱的內心備受打擊。經歷了太多情感的大起大落，讓她幾經崩潰，甚至逃避現實，想要自殺。

　　阿占在細心的觀察後，很快找到了小昕的癥結所在，並從澳洲請來了她的父母，幫助她解開了多年的心結。小昕一點點地樂觀起來，靈異的現象再也沒有出現過。可是，小昕的童年經歷，卻引爆了阿占心底一顆沉靜許久的炸彈。

　　阿占是心理學專業的留學生，工作敬業，專業一流。可是，他從來與人疏遠，既不參加同事的聚會，也不看望舊日的好友，他將全部的時間和精力用來研究病人的檔案，分析病例報告，儼然是一個不折不扣的工作狂。

　　近日來，在治癒了小昕的病症後，他開始看見多年前的影像 —— 一個年輕的女孩，化好了妝容，躺在棺材裡，在眾

人的簇擁下送去入殮；一個穿著白衣的少女，如影隨形地跟著他，出現在盥洗室的鏡子裡，出現在大樓的櫥窗裡，出現在游泳池的水底，出現在任何阿占出現的地方。

那個一直跟隨他的女孩，就是阿占多年前死去的女友。他們在中學時戀愛，女孩默默地為他等待，為他付出。可惜，年少的感情總是像暴風雨一般，來去匆匆。當阿占提出分手時，情緒激動的女友，受不了情感的打擊，用剪刀劃開了自己的手腕後，從學校的高樓跳下，不幸身亡。

多年來，阿占沒日沒夜地學習，畢業後又沒日沒夜地工作，希望可以藉助身心的疲憊，逃避痛苦記憶的鞭笞。可惜，他對小昕產生的愛意，再次引發了他對前女友的愧疚。那個縹緲的影子，在不停地質問他，追逐他，直到將他逼上大樓的天臺。阿占哭訴著對她說：「一直以來我都沒有開心過，一直以來，我都不能接受任何一個女子，這都是因為妳。妳死了那麼久都不開心，我有什麼權利開心。如果我死了能令妳滿足，讓妳開心，我會做。」就在阿占絕望地看著地面，想要縱身一躍，以死贖罪時，站在背後的小昕叫住了他 —— 原來，一切都是幻覺。

其實，小昕和阿占兩人的恐懼來源，都可以從他們童年時期的經驗中找到答案。小昕從小被父母拋棄，並且錯誤地認為，父母的不幸和她的不幸都是自己的過錯。多年來她孤

獨地成長，讓她時刻體會著不安全感，也讓她比任何女生都依賴男友的情感，強烈地占有著他的全部，害怕自己再次被拋棄。因此，她多疑敏感，在幻覺中看到有人來傷害她；當男友提出分手時，她常常以死相逼，來逃避被拋棄的痛苦。

阿占則始終在逃避自己內心的愧疚。他選擇忙碌的工作，選擇孤單一人的生活，當他發現自己愛上小昕時，選擇否認這份感情。那些恐怖的影像、淒慘的聲音，全部來自他的內心深處，由於他對小昕的愛，引發了壓抑在他心中多年、始終不敢面對的愧疚感。

很多時候，來自內心的痛苦，要遠遠大過來自外界的痛苦；由遙遠記憶引發的痛苦，會大大超過今日為生活奔忙的痛苦。每個人都是伴著過去的記憶，一路坎坷走到現在的。當我們還很弱小的時候，無法避免地遭受到外界的各種打擾，在空白的生命中留下異常深刻的痕跡。這些痕跡變成了日後生活的雛形，如果它是健康的，成年後便可快樂地生活；若它是負面的、消極的，則會給成年後的我們帶來更多的痛苦。

不過，值得慶幸的是，即使擁有童年的創傷，只要坦然接受，一切心結還是會一一打開。就像阿占一樣，直面令自己害怕，甚至是永遠無法面對的那份愧疚，對當時的她說出內心的感受，只要在痛苦的根源上得到解脫，一切都會平復，一切都會過去。

第三節
性格不僅僅決定命運 —— 性格與健康

　　假如，你是個處處要強，又天生愛著急的人，請省察一下：你是不是做事動作快，說話也特別快，愛打斷別人說話，喜歡讓周圍人都聽你的？你是不是不僅對自己的要求高，而且用同樣的標準要求著身邊的人？朋友赴約時遲到了、家人取東西慢了、同事的工作效率低了，你是不是特別看不順眼，說不上兩句就要發火？如果你符合上述的情況，那麼從現在起，就要引起警惕了。

　　盼盼從小就是一個要強的女生，她是班上的班長，在老師和同學的眼中，她也是一位品學兼優的好學生。可是，她總是覺得自己做得不夠，她不僅要求自己在學業上是最優秀的，在體育、音樂等其他方面也必須比班上的其他人好。

　　於是，她整天忙忙碌碌，每天早早起床跑步，吃過早飯去學校上課，下午放學後還要到琴行學習鋼琴，甚至在課餘時間，她也要拿出一本課外書來讀，讓自己的大腦不得一刻鐘的清閒。國三時，她的班導師看到每天奔忙的盼盼，曾勸盼盼的媽媽說：「盼盼的功課已經非常緊張了，這個時候，學琴或是跑步是不是可以暫時放一放？」許媽媽無奈地說：

「這些活動都是她自己要求的，我和她爸爸也勸過她，可是，這孩子太倔強了，一直都說沒事！」

就這樣，多年來，靠「只許成功，不許失敗」的信念，她憑藉著最優秀的成績考上市區最好的高中，考上眾人望而卻步的國立頂大，並且憑藉從不間斷的藝術訓練，開始在各大鋼琴比賽中嶄露頭角。畢業後，順利進入跨國企業的盼盼，繼續她整日急急忙忙的生活。今天籌劃這個活動，明天安排那個會議，每天的行程排得滿滿的，總是想要盡力做好每一件事，卻又始終覺得時間不夠用。

工作成績出色的盼盼，卻一直找不到能夠跟上她的步調的男友。在大學時，同系的男生約她出去。趁著活動的間隙，她出去赴約。可是，從逛街，吃飯，到跟著他走進電影院，她的心中一直在嘀咕：「在電影院裡，看著一部爛俗的愛情片，白白地消耗 90 分鐘，好像是一件毫無意義的事，簡直是浪費我的時間嘛 —— 我還有更重要的事要做呢！」於是，電影還未播完，她就一聲不響地回到了學校的活動中，繼續扮演活動總監的角色。

工作後，每次遇到男士的邀約，她都像完成任務一樣，勉強地參加每一次約會。一邊催促著店員快點買單，一邊計算著時間成本和報酬的關係，一旦覺得浪漫的約會降低了她的人生品質，她就會不告而別，甩頭而去。有一天，一個因

為遲到兩分鐘而被她訓斥的男生氣憤地說：「像妳這樣的人，根本不知道什麼叫快樂，什麼叫做享受，妳只知道怎麼把每天的時間排滿，怎麼讓妳身邊的人跟著妳受罪……」

第一次被人教訓的盼盼，雖然嘴上狡辯，不服氣，心裡卻在默默反思：「好像我每天都滿累的，好像我真的希望每天過得快樂，可是事情太多，快樂總是離我那麼遙遠！」依舊保持自我的盼盼，直到遇到了部門的新人薇薇，才算真正遇上了對手。薇薇是一個個性沉穩、做事不疾不徐的女生。比盼盼小一歲，卻比她多了兩年的工作經歷。她看起來內心特別平靜，工作起來不像盼盼那般雷厲風行，卻在不溫不火中解決了一個又一個難纏的客戶。

盼盼遇到了強勁的對手，爭強好勝的勁頭又被激起來了。她一向要強又要面子，根本見不得有人比她優秀。於是，她開始每天加班工作，四處奔忙，不是出差就是開會，將所有的心思放在超過薇薇上。她想：「月底就是公司新一輪的人事變動了，我一定要晉升部門經理，讓薇薇看看我的能力。」可是，一個星期之後，她就因為過度勞累引起的貧血，住進了醫院，需要留在家裡靜養。她的工作全部由薇薇代理，而月底的任命，也自然而然地變成薇薇升任部門經理。

人的性格分類除了分為內向性格和外向性格，還分為 A 型性格和 B 型性格。像盼盼這樣，過分爭強好勝，要強又好

面子，整天活得忙忙碌碌，神經過度緊張的人，就屬於典型的 A 型性格。這種性格的人，無論是運動、走路，還是吃飯，節奏都特別快，對很多事情的進度緩慢感到不耐煩，而且總是試圖同時做兩件事，既不知道如何保持身體健康，也不懂得如何度過休閒時光。與 A 型性格的盼盼恰巧相反，B 型性格的薇薇性格不溫不火，工作起來有條不紊，對待事物有一套自成系統的處理方式，能夠勝任重要的工作，卻知足常樂，不好與人爭。

A 型性格的人過於強調時間概念，而常常忽略生活和工作品質；B 型性格的人睿智機敏，沉穩而有創造性。也因為這樣，占據高層管理位置的常常是穩健的 B 型人；而工作勤奮努力，時刻要求上進的 A 型人，卻只能成為最優秀的推銷員、業務員或者業務經理。

在健康方面，B 型人的健康水準較 A 型更樂觀，而且他們也最易與長壽結緣。調查資料顯示，長壽的人群中 80％以上屬於 B 型性格的人。而偏頭痛和冠心病的發病，卻常常跟 A 型性格有著密切的關係。冠心病患者中，有 70.9％是 A 型性格的人，A 型人患上冠心病的機率甚至高於 B 型人的兩倍。也就是說，性情急躁、缺乏耐心、爭強好勝的人群比較容易發病。即使沒有疾病發生，處於亞健康狀態的 A 型人數量也遠遠超過 B 型人。

第四節
造就健全的人格 —— 幽默與昇華

　　世界上沒有完人，也沒有完美無瑕的人格。要想造就健全的人格，做一個身心健康的人，擁有幸福的人生，不妨藉助心理學的方法來自我完善和超越。幽默與昇華這兩種成熟的心理防禦機制，都是實現自我超越的有效途徑。

　　清朝時期，有一名八府巡按曾一度精神憂鬱。他整日感到內心傷感，胸中憋悶，雖然請了很多知名的大夫，卻一直找不到病症的真正原因，也不見病情好轉。後來，有人介紹說，揚州有一位姓趙的大夫，他有一種奇特的藥方，可以治療精神憂鬱。於是，巡按大人千里迢迢趕到揚州，來到趙大夫家中就診。

　　趙大夫觀察了巡按大人的氣色，又為他切了脈，卻一直沉默不語。在一旁神色焦急的巡按大人一再追問道：「我的病情到底如何？趕緊給我開個方子吧。你不是有一個奇特的祕方嗎？」經過巡按大人的再三催促，趙大夫才不疾不徐地開口說：「按照我的診斷，巡按大人身上的病，應該是『月事』不調引起的。毋須醫治，過段時間就會自然痊癒了。」巡按大人聽後「哈哈」大笑，連連稱他「庸醫庸醫」，然後帶

著鄙夷的神色，失望離去。

回家後，巡按大人逢人必講這個故事，一邊放聲大笑，一邊諷刺著趙大夫平庸的醫術。不過，他每次對人講過之後，都會心情大好，憂鬱的情緒也漸漸消散了，憂鬱不治而癒。他一直弄不明白其中的原因，直到有一天，巡按大人突然醒悟，「原來，這就是趙大夫給我開的神奇祕方」。後來，巡按大人帶著厚禮，前去拜謝趙大夫。趙大夫看到他病已經痊癒，於是向他說明了「不藥而寬神治病」的道理。

從這個故事中可見，幽默療法自古有之。幽默作為一種成熟的心理防禦機制，除了可以愉悅人的情緒，使人開懷大笑，還可以促進人體血液循環，調節血壓和心臟功能，有助於身體健康。英國劇作家蕭伯納曾經有過一個精闢的比喻：「幽默像馬車上的彈簧，沒有它，人生路上的每一塊小石子都會讓你顛簸得難受。」

幽默是一種心理上自我保護的方法，也是一種很好的修養之道。人際交往中的幽默感，可以及時化解尷尬的氣氛，維持人際關係的穩定；遇到有人惡語傷人，或者蓄意中傷時，恰當的幽默感還可以幫助我們擺脫困境，讓自己從弱勢的處境中解脫出來。

在人群中，舉止瀟灑、談吐不俗的人的確令人覺得舒適；那些不時地開些玩笑的人，同樣可以讓聽眾覺得心情舒

暢；而那些即使心地善良，卻始終板著一副面孔的人，永遠給人一種拒人於千里之人的感覺，使人難以親近。一份關於兩性研究的報告甚至顯示：「對女性而言，她們在選擇伴侶時，所有人都對男士的幽默感有所要求。女性更願意選擇言語風趣、富有幽默感的男性作為關係夥伴。有時候，只要他能讓她笑，女性甚至會主動忽視男性身上的其他缺點。」

我們知道，人的夢、失言和無意的舉動都可以洩露心靈深處的祕密。心理學家後來發現，幽默感也是人類眾多無意識行為之一。心理學家透過觀察人們對各種幽默笑話的不同反應，了解他們對什麼感到好笑以及為什麼會發笑，用來探知人與人之間在精神特質方面的差異。有時候，如果你希望了解一個人潛意識裡壓抑了哪些東西，只要看看這個人喜歡什麼樣的幽默，便可一目了然。

心理學家佛洛伊德曾說道：「笑能給予我們精神上的快感，它把一個充滿能量和緊張的有意識過程轉化為一個輕鬆的無意識過程。」另外，幽默還可以增加一個人的個人魅力，具有幽默感的人在與人交往中，更容易取得大家的信任和好感。

馬克・吐溫是美國著名的小說家，也是著名的演說家。他經常遊歷各州，到各個地方宣講他的思想。無論是他的小說作品，還是現場演講，馬克・吐溫一向都以高超的幽默、

機智和才氣著稱。即使在生活中，他也將自身獨特的幽默與諷刺發揮得淋漓盡致。

一次，他來到一個小城鎮做演講。晚飯前，他決定去找一家理髮店，整理下自己的儀表。走入店裡後，理髮師和他相互問候了一番，聽到他的口音，理髮師親切地問：「您是外地人吧？」

馬克·吐溫回答道：「是的，我是外地人。今天是我第一次到這個地方來。」

理髮師繼續說：「那你來得真是時候，今天晚上，馬克·吐溫會在這裡做演講。您一定特別想去看的，對嗎？」

馬克·吐溫心裡嘀咕著，回答說：「嗯，我會去看的。」

「可惜，他的演講不太容易弄到門票，您如果沒有票，就只有站著的份了。」理髮師替他惋惜道。

「是啊，真討厭！我的運氣一直不好，每次那個傢伙演講，我都只有站著的份。」

笑過之後，我們再來認識昇華的心理防禦機制。首先，我們從歌德的經歷開始，了解「昇華」的強大力量和深遠意義。

西元 1772 年的夏天，年僅 23 歲的青年歌德在一場鄉村舞會上，偶然結識了夏綠蒂·布夫。他不曾想過，這個年輕但並不美貌的女子會占據他靈魂的全部，帶給他甜美的愛

情，又留給他無盡的痛苦，更不會想過，因為她帶給他的失戀痛苦，讓他在文學上展現了驚人的才華。

當時在舞會上，雲集了當地眾多年輕貌美、體態翩然的女孩子，可是，在所有的女孩子中，歌德只對夏綠蒂一個人傾心。其實，她並不是最美麗的那個，卻是非常真實、自然的一個。夏綠蒂穿著一身簡樸的裙子，在人群中愉快地跳舞。歌德看出了她的自然美，欣賞她毫不矯揉造作的幽默和機智。整個舞會上，歌德都顯得特別興奮，小巧玲瓏的夏綠蒂，在歌德眼裡彷彿變成了渾身散發光芒的女神，讓他為之著迷。

歌德喜歡上了這個可愛的女孩，喜歡看她笑，看她輕盈地舞蹈，看她忘形於歡樂的樣子。為了看到她另一方面的特質，第二天，歌德就迫不及待地去拜訪她了。很顯然，夏綠蒂也非常喜歡歌德，佩服他的才華，樂意聽他談論文學和詩歌，耐心地聽他朗誦荷馬的著作。歌德陶醉在愛情的甜蜜中，想要一直與她相守。可是，有一個事實他並不知道 —— 夏綠蒂已經訂婚了。而且，她不是三心二意、朝秦暮楚的那種人，她會忠於自己的未婚夫，絕對不會違背他的意願。

當歌德得知這個消息時，心中悲傷萬分。這段可望而不可即的愛情瞬間變成了一個悲劇，在他的心頭留下了深深的

傷痕。當時，在愛情和友情、歡樂和痛苦之中矛盾掙扎的歌德，經過幾天幾夜的思考，終於決定離開夏綠蒂，離開讓他傷心的地方。

經過幾天的顛簸，歌德回到了家鄉法蘭克福。可是，他雖然人回來了，心卻留在了夏綠蒂身邊。一回到家裡，他就不停地寫信給夏綠蒂，一邊傾訴自己的相思之情，一邊請求夏綠蒂不要忘記他。甚至，他還在自己的床頭掛上了夏綠蒂的照片，用這種方式以求能夠朝夕相見。

眼看著夏綠蒂的婚期越來越近，內心更加混亂、更加痛苦的歌德，卻收到了好友耶路撒冷因為失戀而自殺的消息。和歌德的經歷有些相似，他的好朋友耶路撒冷愛上了一位同事的妻子。求愛不得之後，在絕望中結束了自己的生命。同樣是無望的愛情，同樣是身體和心靈備受創傷的經歷，耶路撒冷選擇了自殺，而歌德選擇了拿起筆桿，記錄下這刻骨銘心的愛戀。

兩年來，歌德收集了大量的資料，將耶路撒冷的故事和自己的故事串聯在一起，積聚成胸中炙熱的寫作衝動。1774年，歌德覺得故事的輪廓在心中已經醞釀成熟，於是他閉門謝客，放下了身邊所有的雜事。他不擬提綱，不打草稿，每日在書房裡振筆疾書。短短四個星期的時間裡，他便寫出了震驚世界文壇的作品 ——《少年維特的煩惱》。

歌德因為失戀，陷入深深的痛苦之中，卻也因為這愛情的痛苦，讓他在事業上取得了莫大的成功。在寫作時，他像一個夢遊者一樣，離開了喧囂的世俗世界，全身心地投入到創作中。當他寫完這本小說時，他像從一場大病中清醒過來，擺脫了對於夏綠蒂的思念，也擺脫了巨大的精神壓力。在這個過程中，心理上的昇華起到了重要的作用。

「昇華」這個詞，由佛洛伊德第一次提到。它是指把心中被壓抑的、不符合社會標準的或者是超我不能接受的能量，轉化為活動能量的過程。在現實社會中，一個人的行為一定是受到社會道德約束的。如果某個人表現出與社會規範不相符的行為，比如歌德向一位訂婚的女士求婚，耶路撒冷追求一位朋友的妻子，都可能受到道德的責罰。因此，這種內心的衝動，就必須改頭換面，採用社會能夠接受的方式，迂迴曲折地表達出來。比如：一位倔強好強的女生，理智上不允許她表現出嫉妒別人的優異成績，於是她發憤讀書，力爭自己的成績超過別人；一個人有打人的衝動，因為害怕法律的制裁，藉助打拳擊或摔跤等合理的方式來滿足自己的發洩欲望；一個遭遇愛情挫折的人，無法得到對方的愛慕，透過寫詩、作曲、寫小說等方式，抒發自己壓抑的情感。

歷史上，像歌德這樣利用昇華的方式，將不可實現的願望轉化為藝術形式的人還有很多。比如：法國的作家羅曼·

羅蘭（Romain Rolland），他也曾遭受失戀的痛苦。他在日記中寫道：「累累的創傷，便是生命給予我們最好的東西，因為，在每個創傷上面，都代表著前進的一步。」之後，他伏案十年，寫出了蜚聲文壇的長篇巨著《約翰·克利斯朵夫》（*Jean-Christophe*）；為降將李陵大膽求情的司馬遷，因為仗義執言被判處宮刑後，發憤寫出了《史記》。他們都是悲痛中的堅強不屈者，將內心的悲傷和氣憤昇華，為後世留下了一座座壯觀的藝術聖殿。

　　同樣作為一種成熟的心理防禦機制，昇華能使受壓抑的內心衝動得到宣洩，消除焦慮情緒，保持心理上的安定與平衡，還能滿足個人創造與成就的需求。由於昇華既能宣洩一個人被壓抑的衝動，又符合人類社會的規範和要求，因此，昇華對個體而言具有十分重要的意義。如果沒有它將這些本能衝動或者生活中的不滿、怨憤，轉化為有益世人的行為，這個世界將會增加更多的不幸。

第六章

行為的驅動力 —— 需求與動機

　　馬斯洛說：「在一切需求之中，生理需求是最優先的。這意味著，在某種極端的情況下，即一個人生活中的一切東西都沒有的情況下，很可能主要的動機就是生理的需求。」

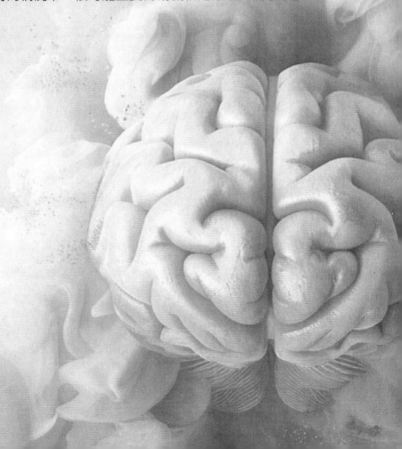

第一節

生理、安全與社交需求 —— 初級需求

　　當一個人的血液中缺乏水分，大腦就會發出口渴的信號，產生想要喝水的衝動；當一個人的血糖成分下降，就會有飢餓的感覺，產生想要進食的需求；當一個人失去了身邊的親人，就會產生愛和被愛的需求；當社會秩序變壞，流氓橫行，司法不公，市民就會產生安全的需求……對於一個幾天未曾進食、極端飢餓的人來說，除了食物，他不會對其他事物產生興趣；當一個人擁有了充足的麵包，他就會對一雙新鞋感興趣，會想要擁有一輛看起來很拉風的跑車，或是想要詳細了解一下歐洲中世紀的歷史；當一個人衣食無憂，生活幸福，擁有了財富和社會地位時，他就會想要繼續提升自己，向更高的層次發展。這一系列的需求，正是馬斯洛的需求層次理論講述的內容。

　　馬斯洛是人本主義學派的心理學家。他將人的需求劃分為五個不同的層次，分別是生理需求、安全的需求、愛與歸屬（社交）的需求、尊重的需求和自我實現的需求。前三者是初級需求，具備一定的外部條件就可以獲得滿足；後兩者則是高級需求，依靠內部因素才能獲得滿足。其中，處於需

求最底層的生理滿足，是人類生存最基本的一種需求，也是人類得以延續和發展的前提。生理需求包括飲食、運動、休息、睡眠、排泄、躲避傷害、尋找配偶、養育後代等。

馬斯洛說：「在一切需求之中，生理需求是最優先的。這意味著，在某種極端的情況下，即一個人生活中的一切東西都沒有的情況下，很可能主要的動機就是生理的需求。」生理滿足是人的所有需求中最重要，也是最有力量的。當一個人落水之後，在為得到空氣而拚命掙扎時，就會體會到自尊和愛情是多麼無足輕重了；當一個人跌落山谷，可能被餓死，被渴死時，就會知道，萬千的財富和名聲地位都不如一塊麵包來得實惠。

《史記·管晏列傳》中曾記載：「倉廩實而知禮節，衣食足而知榮辱。」就是說人必須在吃飽穿暖，倉穀富足之後，才會產生另一個層次的需求，比如對審美、禮節和榮辱大義的追求。一位阿拉伯詩人也曾說過：「坐在涼快的樹蔭下，端著茶杯悠閒地品茶的人，是永遠體會不到水的重要性的。只有那些在沙漠中行走多時，飽受酷熱折磨，口渴難耐的人，才知道滴滴甘泉的來之不易。」歷史上的眾多戰役中，多少身經百戰的將領都是因為軍隊的糧草被燒、飲水被斷，無法滿足士兵最基本的生理需求，而無奈地兵敗收場的。

　　明朝時期，活躍在北方邊境的蒙古各部，一直以掠奪和貿易兩種手段滿足遊牧民族日用品缺乏、手工業品供應不足的缺憾。在明英宗朱祁鎮繼位之後，蒙古首領利用英宗在麓川大肆用兵的機會，相繼收復了歸附明朝的各個部落，搶奪財寶，掠取食物。震怒之下的朱祁鎮，想要效仿明成祖朱棣親征蒙古的壯舉，再次創造一個歷史的神話，卻沒想到，他率領的眾將士在缺少水源、飢渴難耐的情況下，被蒙古首領大敗。他自己也從貴不可言的皇帝，轉瞬間變成了蒙古部落的階下囚。

　　當時，朱祁鎮在北京挑選了精兵五十萬，向西出師迎敵。本想以精銳部隊克敵制勝的朱祁鎮，不僅沒有占到作戰的先機，還被區區三萬人的蒙古騎兵一路追殺。狂奔數百里的大部隊，最後被圍困在一個地勢險峻的高地。此處確實非常安全，易守難攻，即使蒙古軍包圍高地，也不敢輕易進軍，因此明軍得以與蒙古的輕騎部隊相持兩天之久。可是，軍隊駐紮的地方地勢太高，掘地三尺都找不到水源，眼看著士兵們開始忍受飢渴，戰鬥力大大下降，朱祁鎮也是心急如焚。

　　這時，一直苦於無法進攻的蒙古首領也非常頭痛。雖然明軍戰鬥力逐漸變弱，若是他們一直守在高處，也拿他們沒辦法。於是，蒙古軍佯裝撤退，並聲稱要與明軍和談。明軍見敵方確實在撤退，並且在重重包圍中，給他們留了一條出

路。飢渴難耐的明軍,未曾識破蒙古軍隊的陰謀詭計,從敵軍佯裝留下的通路衝出包圍,徑直奔向十五里外的小河取水,結果被返身進攻的蒙古軍殺了一個回馬槍。五十萬精兵幾乎全部被殺,隨行的王公大臣死了很多,可憐的英宗朱祁鎮也被擄走,開始了他階下囚的生活。

中國作家王小波曾笑稱:「世界上只有兩種問題,一種是沒飯吃餓出來的問題,一種是吃飽了撐出來的問題。」雖然他本意調侃,卻也充分反映了人類需求的本質:最低層次的生理需求要優於高層次的安全、尊重等需求。當生理需求得到充分滿足之後,人們才會開始為了較高層次的需求努力。處在生理需求之上的,就是安全的需求。

在遠古時期,在那個必須憑藉力量和速度維持生存的時代,人類個體的生存能力特別弱小,與老虎和獅子相比,人類的身體並不是最強壯的,奔跑起來也不是最快的,於是,人類選擇了群居生活。群體裡的每個人互相依附,互相幫助,互利互惠,維持各自的生存,而脫離群體的任何人,都沒有生存下去的可能。

多少個世紀過去了,人類建立了文明社會,那種個體對群體的強烈依賴感也愈加強烈。每個人都需要在群體中找到自己的位置,找到庇護,找到安全感,這種需要深深地留在了現代人的意識深處。

　　這種來自人類遠古時期的生存需求 —— 對生的渴望和對死的恐懼，即成為馬斯洛需求層次理論中的安全需求。安全需求包括人類對自身的人身安全、生活穩定、遠離痛苦、威脅或疾病等方面的需求，細緻分析，它包括人要吃飽穿暖、身體健康、職業安全、人身安全、躲避危險，要確保未來有保障等。安全需求是人類最正當的需求，也是生理需求得到滿足後，亟需保障的第二需求。

　　快速發展的現代社會，正在全方面地滿足人們的物質要求和文化要求，卻有越來越多的人，正在感受到安全感的日漸缺失。因此，科技的發達不能消除對危險的恐懼，物質的富有不代表心靈的富有。人們的安全感來自良好的社會治安，更來自全體社會成員的責任心；來自天災人禍前的緊急救援，更來自對生命的誠摯尊重。如果工人在建設橋梁時，不曾想到要問心無愧地建一座堅固的橋；如果醫生在治病救人時，不曾想到要光明磊落地行醫，那麼，無論多麼高科技的設備，多麼先進的生產技術，依然無法滿足人們的安全需求。

　　可以說，在安全面前，沒有富人和窮人，也沒有高貴和卑賤。頻繁發生的大地震和海嘯，不是專門針對富人，也不是只為了摧毀窮人的家園，核洩漏甚至對大洋彼岸的人類有著同樣的殺傷力。可是，如果穿衣吃飯都要小心翼翼，如果

大多數人都居無定所或背井離鄉，如果行走的街道或者交通工具都讓人恐懼和不安，那麼，安全需求又該從何談起？

從前，有一個這樣的國家，住在裡面的人全都是小偷。到了傍晚，所有人都拿著鑰匙，提著燈籠出門，他們準備到鄰居家裡偷東西。整個國家的人全部出動，你偷我家，我偷你家，到了天亮時分，所有人都提著偷到的東西，回到自己家裡。當然，每一個回到家的人，都會發現自己的家也被偷過了。

雖然每天都要出去偷盜，每天自己的家裡也會被偷，但是這樣的生活過得也很幸福。每個人都可以從別人家裡拿東西，別人又從第三個人的家裡拿東西，相當於大家互相交換食物、家庭用品、學習用具，所以這個國家裡沒有窮人，也沒有富人，日子過得其樂融融。

不久之後，這個國家住進來一個誠實人。他不會去別人家偷東西，也不允許小偷光顧他的家。因此，到了晚上，當所有人都按照習慣，拿著鑰匙，提著燈籠，到別人家偷東西時，誠實人卻安然地坐在家裡，抽著菸，看著小說。時間久了，誠實人家裡沒有丟任何東西，可是每天晚上想要偷他家東西的人就遭殃了。每天晚上，都會有一戶人來到誠實人家門外，看著燈火通明的住宅而止步不前，到了天亮空手而回，卻發現自己的家已經被偷竊一空。

　　當地人的生活被這個意外闖入的誠實人打亂了。於是，他們決定找他談一談。即使他不想過這樣的日子，可是也不能妨礙別人。如果他整晚都待在家裡，每天都會有一戶人家因為他受苦的。誠實人雖然無法認可當地人的邏輯，不過，他答應晚上像所有人一樣，拿著鑰匙，提著燈籠出門。誠實人永遠是誠實的，他可以允許小偷光顧他家，他自己是永遠不會去偷東西的。他用一晚上的時間，走到遠方的橋上，看河水靜靜地從橋下流過。當然，當他再次回到家裡，總會發現家裡失竊了。

　　不到一個星期，誠實人就已經家徒四壁，沒有任何東西吃了。在當地人繼續偷竊的生活時，有一天，誠實人死在了他空空如也的房子裡，他是被餓死的。

　　這是一個充滿寓意的故事，我們可以在誠實人死亡的結局中，看到小偷國裡每個人身上重新找回的安全感。在一個畸形的社會裡，偷盜可以成為安身立命之道，誠實卻要面臨滅亡的結局。

　　《荀子·國富篇》記載：「人之生不能無群，群而無分則爭，爭則亂，亂則窮矣。故無分者，人之大害也；有分者，天下之本也。」人是群居的動物，任何人都不會，也不可能脫離群體而獨居。因為人一旦脫離群體，或遭到群體的拋棄，就會失去安全感。面對過於強大的不安全感，人的身

體機能會發生紊亂，嚴重時還會影響精神健康。可是，在一個提供畸形安全感的群體中長久居留，依附群體的價值觀生存，同樣可能淪為沒有獨立思想的偷盜者，就像故事中的人們一樣 —— 每個人都心安理得地活著，卻不知道，他們正在建立一個顛倒的世界。

接下來，我們來探討初級需求的最後一個層次，即愛與歸屬的需求，又稱為社交需求。

回想起自己 29 年來的生活，玲玲依舊是一臉無奈。童年時期孤獨無依成長的玲玲，心中一直想要一處溫暖的港灣，能夠讓她感到安全，讓她舒心停靠，讓她依偎終老。無奈世事難料，雖然她步步為營，珍惜著每一處可能的心靈屋宇，最後還是落得孤獨一人，繼續在人海中漂泊。

玲玲出生在外婆家，也在外婆家開始了她寂寞孤獨的童年。未婚生子的媽媽將她寄養在那個偏僻的山村中，獨自一人遠走他鄉，逃脫了愛情失落的傷心地，也逃脫了對玲玲的責任。

從小學開始，玲玲一個人上學，一個人放學，假期裡幫助外婆經營店鋪，積攢學費。多年來，沒有父母的疼愛，沒有兄弟姐妹依靠的玲玲，漸漸養成了堅強、倔強的性格。可是，沒有人知道，外表看起來樂觀、開朗的她，內心卻始終有一個冰冷的空洞，等待著愛人溫暖的填充。

直到她遇到阿建，她的初戀情人，她才第一次感受到被人關心、被人呵護的幸福。阿建給了她從未有過的快樂，也給了她一個可以停靠的心靈港灣。玲玲為他洗衣煮飯，為他打理生活，她甚至一度以為阿建會是她生命的全部，她會用一生的時間來守護這份感情和這個給了她全新生命的男人。

可是，阿建並沒有如她想像的那樣渴望永遠。當玲玲想要與他結婚，建立屬於他們的家庭時，年輕無揩的阿建出於對未來的恐懼，又無法坦白地拒絕玲玲的深情，於是選擇了不告而別。傷透了心的玲玲，一氣之下選擇了始終陪伴在她身邊的阿遠，一個年紀大她十歲之多的服裝商人。玲玲在他的安撫下，度過了阿建離開後異常艱難的三個月，本以為可以在阿遠的身邊重新找到醇厚的情感慰藉，然而，婚後的生活卻帶給她更大的傷痛。

阿遠一直迷戀玲玲的年輕貌美，卻始終介意玲玲心中一直存在的初戀陰影。婚前他沉默不語，不置一句評論，兩人結婚後，內心的失衡卻漸漸顯露出來。他要麼用尖酸刻薄的話語發洩自己的嫉妒，要麼就整夜不歸，以此向妻子的精神不忠表示反抗。就這樣，雖然玲玲的物質生活不再貧瘠，她的心裡卻始終冰涼，找不到婚姻的快樂，也找不到人生的幸福。

後來，玲玲將全部的精力放在了工作上。隨著自己的生意財源廣進，原本的自卑和無助得到了彌補。她想，比起感情的心靈慰藉，物質上的富足看起來似乎更實惠一些。然而，只有她自己知道，一切不過是她自欺欺人的藉口。每當夜深人靜的時候，心底的無限空洞只有她自己能夠觸摸到；內心的無限酸楚，她只能對著空氣敘說。

兩年後，玲玲結束了與阿遠的婚姻。她毫無留戀，也不曾哭泣。她知道，她就像一葉沒有根系的浮萍，生來漂泊，注定終身無依。

每個人都需要和他人建立情感連繫，愛他人和接受他人的愛。這是一種情感的互換，也是人的本能需求，就像每個人都需要父母的關愛，需要朋友的陪伴，需要情人炙熱的愛情一樣。每個人都需要與人交往，需要被同伴接納，需要得到他人的認同，這種需要高於生理需求和安全需求，屬於馬斯洛需求層次理論的第三層 —— 愛與歸屬的需求。

這種需求如果無法滿足，個人就會感到孤獨、無助，精神生活異常痛苦。就像故事中的玲玲一樣，她在一個缺乏父母關愛、情感極度貧瘠的環境中成長，雖然這種窘迫的環境，養成了她堅強、倔強的性格，卻無法滿足她愛與歸屬的需求。於是，長大後的她，急切地渴望尋找一個溫暖的臂膀，無論是愛情，還是婚姻。這些來自他人的情感，既能滿

足她交往和陪伴的需求，同時也彌補了她童年時期親人關愛的缺乏。

法國電影《碧海藍天》中的賈克馬攸也是如此。與玲玲不同的是，他選擇大海和海豚作為自己最後的愛和歸屬。在他擁抱海洋的那一刻，他理解了自己的母親為什麼會離開摯愛的父親，也理解為什麼父親在身體狀況不好的情況下，依然堅持下海潛水。他們所做的一切，都不是為了生存，也不是為了物質或者名聲，而是在尋找一個心靈的歸屬。在賈克馬攸看來，心靈歸屬比愛更重要，於是他擁抱海洋，選擇永遠和海豚生活在一起。

其實，社會上彼此陌生而又密切交往的大多數人，幫助他人、關愛他人、與陌生人建立友誼的大多數人，同樣是為了獲得他人的認同和接納，為了尋找心靈的歸屬。那些讓孤獨占據生活空間，不與人接觸，不和人談話交流的人，並不是有能力脫離這種情感關聯，而是在自我遮罩中，漸漸削減自己的社會身分。

第二節
尊重與自我實現 ── 高級需求

　　馬斯洛說：「尊重需求的滿足，能夠使人對自己充滿信心，對社會充滿熱情，體會到生活在世界上的用處和價值。」尊重的需求，是達到自我實現之前的最後一個需要，它包括希望獲得實力、成就、獨立和希望得到他人的賞識和高度評價。

　　尊重的需求常常被分為兩部分 ── 內部尊重和外部尊重。內部尊重指的是一個人希望在各種情景中，能夠表現出有實力，充滿自信，能夠獨立自主，也就是人們常說的自尊。外部尊重指的是一個人希望有社會地位，有威信，受到來自他人的尊重和信賴。

　　每個人都希望自己有一定的社會地位、人格和能力，都希望得到社會的尊重和承認。不過，得到他人尊重的前提，並不是一定要比他人位高權重，比他人更富有，更有實力，而是學會先尊重他人。歷史上，關於人際尊重的故事數不勝數，程門立雪、孔子尊師的故事也一直被傳為美談。不過，因為不懂得尊重他人、侮辱他人而失掉顏面，遭受嚴懲，甚至不得不付出生命代價的例子也有很多。

　　清朝同治年間，張之洞時任兩江總督。一次，他在松江府微服私訪時，遇到了一個老同學。這位老同學並未當官，而是在一個鄉紳家裡當教書先生。他深知張之洞官運不錯，今日一見，看他穿著一身老百姓的粗布衣裳，沒有隨從，也沒有排場，不禁有些詫異，他忙關心道：「你這是遇到什麼挫折了？」張之洞因為公務在身，不便透露實情，便撒謊說：「我要到南方公幹（處理事情），因事路過這裡而已。」

　　同學兩人多年未見，於是他挽留張之洞住下，想在一起敘敘舊情。第二天，恰好趕上松江知府設宴辦壽，邀請了許多地方的官員一同慶賀。鄉紳拿到請柬，見閒來無事的兩人正在家裡漫話家常，於是帶著教書先生和張之洞一同赴宴。

　　宴席上，前來為松江知府祝壽的賓客，不是官場上的同僚，就是地方有名望的鄉紳和文人。所有人互相見面後，忙不迭地互相寒暄著，看起來場面宏大，好不熱鬧。張之洞和他的同學不認識宴席上的任何人，被冷落在了一旁。

　　待華燈初上，宴會正式開始時，眾多賓客陸陸續續開始入席。這時，張之洞拉著老同學大大咧咧地快步上前，徑直走到首席，翩然落座。張之洞的這一舉動，震驚了宴席上的所有人。人們開始竊竊私語起來，有人說這人定是來頭不小，否則也不敢在知府的宴會上鬧事；有人說這人或是知府的仇人，是明目張膽地來挑釁的。

知府見到此番場景，心裡也甚是惱火。不過，眾多賓客在場，他不便發作，鬧得眾多貴賓不歡而散，失的終究是他的面子。於是，他壓著心中的怒火，走到張之洞面前，手指著桌上的松江鱸魚說出了一句上聯：「鱸魚四腮，獨占松江一府。」張之洞心知知府是拿鱸魚自比，以警告面前這只不知天高地厚的魚蝦。他思慮片刻，不慌不忙地走到一盤螃蟹旁邊，從容地對出了一句下聯：「螃蟹八足，橫行天下九州。」

松江知府聽到對方未曾示弱，甚至氣勢更加囂張，心想這人定是有些來頭，於是他忙湊到身旁的教書先生耳邊，打聽來人姓名。當他得知，此人正是兩江總督張之洞時，不禁大驚失色，慌張地跪倒在地，連稱：「該死！該死！」

無論一個人是地位顯赫，或是位卑言輕，只要能夠以平等的姿態與人溝通，讓對方感覺受到尊重，任何人都會反過來尊重你。可是，如果一個人總是自覺高高在上，習慣以盛氣凌人的口吻與他人溝通，以對方尊嚴受損達到滿足自己虛榮的目的，那麼早晚有一天，損失最大的一定是他自己。

在獲得他人的尊重之前，人最重要的就是自尊。每個人都要肯定自己的價值，接受自己的全部，因為，人的許多優良的特質，比如嚴於律己、自強不息、奮鬥精神等，都是與人的自尊需求分不開的。就像《簡·愛》中，卑微可憐的

簡，面對蔑視她的羅徹斯特先生，正是由於她對自己的接納，對自我的尊重，她才能夠大聲地說出：「你認為我窮、低微、不美、矮小，我就沒有靈魂，沒有心嗎？我的靈魂跟你的一樣，我的心也跟你的一樣！我們站在上帝面前是平等的！」

心理學家表示：只有自尊需求得到滿足，才能產生旺盛的創造力，實現自我，獲得成功。自尊需求一旦受挫，就會使人產生自卑、軟弱、無能的感受，使人失去信心，無所作為。一個人如果沒有了自尊心，甚至會做出為人所不齒的事情來。

對於那些把自尊需求建立在良好的內在特質上的人，如善良、忠誠等，他會一直感覺良好，毋須透過尋求成功，或是他人的評價來明確自我的價值。他們會去保護暴力的受害者，很少浪費時間經營自我形象，而是注意培養自己的才能和發展人際關係。最終，具有這些特質的人，能夠滿足最大限度的尊重需求，並且會給自己帶來更大的幸福感。

處於人類需求層次塔頂上的是自我實現的需求。馬斯洛在為他的學生上課時，曾經向學生提問說：「你們誰希望寫出美國最偉大的小說？誰渴望成為一個聖人？誰想要成為這個國家偉大的領導者？」面對老師的提問，學生們的反應除了不安地動來動去，就是紅著臉，在座位上「咯咯」地笑，

彷彿老師提的問題，是一個引人發笑的笑話。馬斯洛又問：
「你們有人正在悄悄寫一本偉大的心理學著作嗎？」這時，
有一位坐在角落裡的學生回答說：「當然有！」馬斯洛說：
「可是，你打算一直這樣沉默寡言地寫下去嗎？那並不是一
條通往自我實現的理想途徑！」

馬斯洛說：「自我實現是人生在世最大的價值。」這種
需求，來自於對自我價值觀的肯定，也是一種不斷成長、充
實自己，自我創造與實現自己的需求。它包括了一個人能夠
實現的最大限度的理想抱負，也是一種完成與自己能力相稱
的一切目標的需求。儒家所謂的「士不可以不弘毅，任重而
道遠」和「天下興亡，匹夫有責」，亦是這個道理。

無論是危難動盪的時代，還是天下太平、百姓安居樂業
的時代，追求人生的最大意義，創造人生最大價值的需求永
遠存在。這種需要可以出現在佛家普度眾生的慈悲中，也可
以出現在追求自由民主的吶喊裡，是天文學家堅持探索宇宙
奧祕的熱情，也是仁人志士堅守理想，改造社會的決心。

海因里希·謝里曼（Heinrich Schliemann）的成就舉世
矚目，不是因為他聚集了大量的財富，成為一個成功的企業
家，而是因為他消耗了畢生的財富，用後半生的時間，向世
人證實了荷馬史詩所說的特洛伊和邁錫尼古國的真實存在。

謝里曼出生在一個經濟貧困的家庭，小時候，謝里曼經

常從父親口中聽到一些《荷馬史詩》的片段,《伊利亞特》和《奧德賽》中的很多戰爭故事,他早已爛熟於心,而且,他始終堅信特洛伊戰爭並不是傳說,而是真實存在的歷史。他發誓,有生之年一定要到書中記載的地點,挖掘古蹟,尋找真正的答案。可是,謝里曼的父母養活一家人已經非常吃力,根本沒有能力供他念書。於是,謝里曼 14 歲時便輟學開始工作。雖然生活艱苦,但是他始終沒有忘記兒時的夢想。

謝里曼輟學後,開始了在雜貨鋪做學徒的生活。在此後的二十年中,他分別做過各式各樣的工作,直到有一天,他成了一個企業家,擁有了大量的財富和受人矚目的地位。在用心經商,不斷累積財富的同時,他也在為考古挖掘做著準備。他自學了德語、英語、法語等 18 種外語,並且搜集了大量關於特洛伊戰爭的資料。就在他事業鼎盛之時,有一天,他覺得時候到了,他要將夢想付諸行動 —— 親臨現場,去尋找心中的特洛伊。於是,他毅然決然地放棄了商業發展,變賣家產,專心地投入到考古事業中。

從謝里曼所處的德國前往土耳其去挖掘一個神話故事,本身就是一件需要耗費巨大財力,還需要冒政治風險的事情,加之同行的排擠、學術界的嘲笑,根本沒有人看好他的行動。可是,謝里曼還是依然故我地出發了。1870 年,他帶著新婚的妻子,帶著僱來的工人,來到了土耳其境內的山

丘，開始考古挖掘。三年後，他們發現了多層城牆遺址，並
終於在一座地下古建築物的圍牆附近挖出了大量的金銀器
皿。謝里曼興奮地向世界宣布，他發現了特洛伊的遺址。在
多年的堅持努力後，他終於證實了自己的想法。

　　短短十幾年後，這位從中年走入老年的德國男人，開啟
了考古史上一個絢爛的篇章。雖然他經常被專業的考古專家
詬病，也有人說他不遠千里地奔波，多年挖掘，不過是為了
尋找黃金。不過，唯一無法否定的是，他在古老傳說和現實
之間，搭建了一座橋梁。這座橋梁連接了古代希臘的真實和
虛幻，也連接了他童年的夢想和一生的追求。

　　謝里曼找到了人生的理想，並且在實現的道路上認真鑽
研，積極準備，他既接納了自己的完整存在，也向世人證明
了自己的價值，可以說，他達到了自我實現。不過，在自我
實現的路上，大多數人都無法像謝里曼這樣順利。人們心中
存在一種逃避卓越，逃避崇高品行的心理，即馬斯洛命名的
「約拿情結」。

　　「約拿」是聖經裡的一個人物。他本身是一個虔誠的猶
太先知，並且一直渴望能夠得到神的差遣。有一天，神終於
給了他一個光榮的任務，讓他去赦免一座本來要被罪行毀滅
的城市。令人意想不到的是，約拿竟然拒絕了這個任務。他
選擇了逃跑，不斷躲避著他信仰的神。神動用各種力量尋找

他，喚醒他，甚至命令一條大魚吞了他。最後，他經過反覆的猶豫和思考，終於悔改，完成了神賦予他的使命。

「約拿情結」就是一種對成長的恐懼 —— 人不僅害怕失敗，也害怕成功。於是，約拿情結代表了一種在機遇面前自我逃避、退後畏縮的心理。這種情緒導致我們不敢去做自己能做得很好的事，甚至逃避發掘自己的潛力。在日常生活中，約拿情結表現為個人安於現狀，缺少進取心。

人們存在著這種詭異的心理現象，就是在面對高級需求，面對崇高的自我實現時，常常出現躲避、恐懼的心理。人們常常寧願視天真為幼稚，視誠實為愚鈍，視坦率為無知，而不願意在眾人面前表現出這樣的高尚行為。因為這種不可避免的約拿情結，使得自我實現成為少數人的權利。那些無法堅持自我、追求安逸生活、隨波逐流的人，面對自我實現只有望洋興嘆的份。只有那些始終不變自己目標的人，始終堅信那是一件自己有能力完成，並且可以實現自我價值的事，最終才能成功。

第三節
我為什麼這麼做 —— 動機與價值觀

究竟是什麼決定了我們的行為？做什麼與不做什麼、這樣做還是那樣做，背後的驅動力是什麼？

有一個年輕人帶著朋友去參加一個社會舞會。在眾多年輕貌美的女士中，他被一位姿色出眾、氣質不凡的年輕女子迷住了。幾經內心衝突之後，他鼓足勇氣，決定向女子傾吐內心的想法。於是，他滿臉堆笑地迎上去，心想，伸手不打笑臉人，她應該不會斷然拒絕我的。果然，他的笑容似乎奏效了，那位女子回應了他的微笑，而且一邊笑著，一邊向他走來。他感到希望就在眼前，一定要在女子走到他身邊的那一刻，向她表白內心的傾慕。可是，他的希望又驟然之間消失了。那位女子並沒有在他面前停下，而是徑直走到他身後，擁抱了一個高大英俊的男子。年輕人看著兩人甜甜蜜蜜地走到角落裡親密交談，內心的失落翻湧而出。

心情極度鬱悶的年輕人，在幾個好友的陪伴下，喝下了幾十瓶啤酒。舞會散去後，他們則直接被帶到了警察局。因為，酒後情緒失控的幾個人，不僅在大街上恐嚇路人，還用石頭、木棍砸爛了一條街的櫥窗玻璃。

211

　　看過這個故事後，你一定會質疑，是什麼樣的動機，讓剛剛還心平氣和的年輕人，竟然做出如此過激的舉動？是求愛受挫後導致了情緒低落，繼而引發的不友好態度和侵犯行為？是這樣的行為讓他感到新奇，又令人興奮？還是，年輕人的荷爾蒙分泌異常，存在某種先天的精神缺陷？

　　無論是哪種原因，都必然有一個刺激源，造就他做出這些行為的需求和動機，而動機就是滿足某種需求的意願。因為，只有動機的明確引導，才能使人產生相應的行為反應。就像有些人想在工作業務上獲得優異的成績，想要升遷加薪，所以他才會心甘情願地加班，主動面對工作上的任何困難；而有些人本身衣食無憂，工作只是為了娛樂，為了打發無聊的生活，他則不會給自己明確的工作要求，也不會為了工作犧牲自己的業餘時間，所以他平常都會表現得態度散漫，不求上進。同一種行為可能有不同的動機，同一種動機也會產生不同的行為。

　　每個人的行為動機都可以分為外在動機和內在動機。所謂外在動機，指的是為了獲得額外的物質獎勵，以工作報酬為前提的勞動付出；所謂內在動機，指的是完全出於本人喜好，或者為了完成自己的目標而做出的行為。比如：一個國小生每天都在研究數學題，數學考試從來都是一百分，如果他是為了媽媽允諾給他新玩具而努力讀書，就是受外在動機

的驅使；如果他只是單純地喜歡數學，每次研究數學題目都讓他感到快樂，他則是受內在動機的驅使。當然，一個人做出某一行為的動機往往非常複雜，既包括內在動機，也包括外在動機。許多最開始由內在動機驅使的行為，最後也可能受到環境的影響，變成受外在動機的驅使。

在一個海邊小鎮的木屋內住著一位老爺爺，在他的木屋前面，有一片光滑而平坦的空地，平時，總是有許多當地的小朋友到那裡去玩。他們歡歡樂樂地玩耍，享受著天真的童年時光，時間久了，那一小片空地已經成為他們的大本營，無論是打彈珠還是捉迷藏，他們都會到那裡集合。

小朋友們在空地上玩得很開心，卻給老爺爺帶來了不小的苦惱。老年人喜歡安靜，而且，他習慣在忙碌的上午工作後，在午後小憩一會兒。可是，這些精力旺盛的孩子，玩起來就沒有一刻鐘的安靜，嚴重打亂了老爺爺的生活。氣憤惱怒的老爺爺嘗試過說教，也嘗試過喊罵、驅趕，結果都無濟於事。

一天，老爺爺想到了一個聰明的辦法。當小朋友們再次來到空地玩耍時，老爺爺和藹地對他們說：「我現在很喜歡看你們在這玩耍的，看著你們高興，我也感到很高興。如果以後你們每天都來，我會每天給你們 5 塊錢。」

小朋友們聽了老爺爺的話，感到非常高興。「老爺爺不趕我們走，還每天給我們錢，以後，我們天天到這兒來。」

第一個星期，小朋友們像平常一樣玩耍，天黑時再高高興興地回家，臨走的時候，收到老爺爺給他們的錢，心裡更高興了。

到了第二個星期，老爺爺對小朋友們說：「最近，老爺爺手頭有些緊，錢不夠用了，從明天開始，每天只能給你們2塊了。」小朋友們聽了這個消息，有些悶悶不樂，不過還是有大半的人繼續在空地上玩耍。

到了第三個星期，老爺爺又對小朋友們說：「老爺爺現在生活非常困難，就算你們每天到這來玩，我也不能給你們錢了。」小朋友聽後非常生氣，決定以後再也不到老爺爺那裡玩了。

老爺爺的計謀果然奏效了。後來，那群小朋友真的再也沒去過。沒有一群孩子在空地上整天吵吵鬧鬧的日子，老爺爺又過上了平靜的生活。

原本，小朋友喜歡到老爺爺的空地上玩耍，都是出於有趣、好玩，完全受到內在動機的驅使。當老爺爺決定為他們支付報酬時，小朋友的內在動機被外在動機取代。他們的玩耍和嬉笑不僅僅是為了好玩，而且還為了老爺爺許諾的報酬。最後，他們純粹為了經濟報酬而玩耍，當老爺爺決定不再給他們錢時，所有人都不再繼續玩耍了。

這個心理學道理同樣適用於管理領域。在公司內部，如

果員工本是出於內在動機從事某項任務，人事部門就需要提供完善的支援系統，為目標的實現提供便利。如果增加過多的外在獎勵，很可能會將員工的內在動機轉化為外在動機，使得員工單純地為了經濟報酬而工作。

在我們形形色色的動機中，發揮核心作用的又是什麼？先來看看下面這則故事。

有一次，一位作家和他的朋友到報攤上買報紙，他的朋友拿過報紙後，很有禮貌地對報販說了聲「謝謝」，可是，報販不僅沒有回應，還板著一張臭臉，對他們愛理不理的樣子。作家非常惱怒，對他朋友說：「這個傢伙態度太差了吧！」朋友說：「他每天晚上都這樣。」作家有些不解，問朋友道：「你明明知道他態度差，為什麼還對他這麼客氣？」只聽朋友雲淡風輕地說：「他態度差是他的問題，為什麼我要讓他決定我的行為？」

看完這個故事，你一定有所感觸。每一個匆忙行進的日子裡，你的心情是否時時刻刻被遠方的愛人所左右？你的工作態度是否因為某一個客戶的態度而改變？你的行為是來自理智大腦的指引，還是在人群中隨波逐浪的選擇？你的人生到底誰才擁有決定權？華爾街流行過這樣一句名言：「平庸的交易者用技術交易，頂尖的交易者用信念交易。」用強烈的價值觀和信念支撐自己行為的人，能夠堅持自己的態度，

215

不被他人的想法和態度左右自己的行為。

　　一個人的價值觀，往往就是一個人思想意識的核心，也是行為動機的核心。它決定著個人的思想和行為。符合價值觀標準的事物和行為就被認為是有價值的，否則就被認為是沒有價值的。可以說，是價值觀在時時刻刻地決定著人的行為。比如：政府官員以手中的權力為最高價值，所以他們會產生追求權力的強烈動機，並且做出一系列支配和控制他人的行為；傳教士以信奉真主、為了信仰克己生活為最高價值，所以他們擁有一種超脫現實生活的人生觀，在索然無味的枯燥生活中，為了創造出更高境界的修為而努力。

　　對音樂感興趣的人，會認為音樂擁有無窮的能量和價值，因此，他總是對樂器以及有關音樂的書籍、刊物等格外注意。關於音樂方面的資訊，不論是歌劇還是廣播或是別人的演奏，甚至報紙上有關音樂的報導，別人議論有關音樂的事，對他都有很大的吸引力。他也會將音樂作為人生理想，用更多的時間和精力，來實現自己在音樂上的價值。

　　價值觀會直接影響個體的頭腦觀念、對事物的是非判斷。一個人把目標的價值看得越高，由此引起的動機就會越強烈，在實現的過程中，發揮的能量也就越大。相反，如果一個人認為目標的價值不大，或者根本沒有價值，那麼他根本不會產生行為動機，更不用說會激發出多大的力量了。

一個常年靠乞討為生的乞丐，整天過著衣不蔽體，食不果腹的生活。一天，他的一個富有的遠房親戚去世，因為這位富翁沒有子女，身邊也沒有血緣更近的親人，於是，他將畢生的財富都留給了這個乞丐。

繼承了大筆財產的乞丐，一夜之間從一無所有變成了百萬富翁。霎時間，各大媒體和記者紛紛湧到他家，想要了解他的下一步安排。當一個新聞記者問他說：「既然您已經繼承了大筆的財富，那麼，您接下來想做的第一件事情是什麼？」乞丐回答說：「我要買一個好一點的碗和一根結實的木棍，這樣我以後出去討飯會方便一些。」

乞丐如果缺少成為富翁的價值觀和信念，即使上帝青睞他，將成為百萬富翁的機會留給他，他也永遠只是一個擁有巨額存款的乞丐，正如人們所說的那樣：暴發戶的骨髓裡永遠只是窮人。鈔票可以為乞丐提供精緻的衣裳，讓他住進高檔豪華的房子，讓他享受社會名流的擁戴，卻無法幫助他將頭腦中的思想從乞丐變為富翁。

第七章

喜、怒、哀、懼 —— 情緒

　　學會調節自己的情緒，為自己找到一個恰當好用的調節方法，既是提高生活品質的要求，也會給自己的人生帶來愉快的記憶。

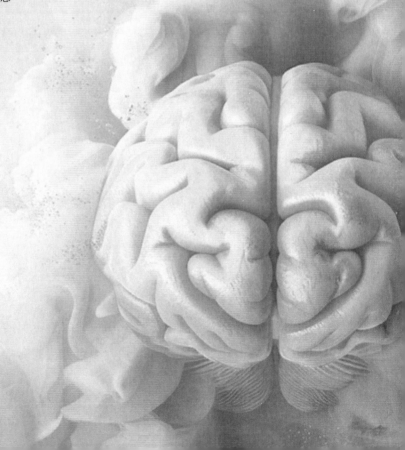

第一節

心理高潮與低谷 —— 情緒調節

　　人非草木，孰能無情？人生活在社會中，為了自身的生存和發展，就要不斷地認識和改造客觀世界，創造人類文明、進步和發展的條件。人們在變革現實的過程中，必然會遇到得失、順逆、榮辱、美醜等各種情景，因而有時感到高興和喜悅，有時感到氣憤和憎惡，有時感到悲傷和憂慮，有時感到愛慕和欽佩。這些不同的心理表現，都是情緒的不同形式。

　　也許你認為情緒只是一種感覺，「我感到快樂」或是「我覺得悲傷」，但是，我們需要對這個重要的概念下一個更廣泛的定義，既包括軀體，也包括心理；既包括主觀體驗，也包括外部表現。心理學家將情緒定義為：一種軀體和精神上複雜的變化模式，包括生理喚醒、感覺、認知過程和行為反應，這些是對個人知覺的獨特處境的反應。

　　情緒是生活中非常重要的一部分，是我們感受生活、感受自我的一種最直接形式。設想一下，如果你可以思考和活動，卻沒有感覺，生活將會怎樣？你是否願意不再體驗到恐懼的感覺，同時又不得不失去感受愛人愛撫和親吻的機會？

你是否樂於以放棄歡樂為代價，去遠離悲傷？顯然，這都不是什麼好主意。

我們可以在快樂的情緒中體會到生活的幸福；可以在悲傷的情緒中體會到失戀的酸澀；會在國家強盛時大聲呼喊，舉杯同歡；也會在同伴受難時心同此心，感同身受地體會到他人的痛苦。這些都是情緒的不同功能。在一段情緒中，可以此刻歡喜，下一刻就轉為憤怒，再下一刻可能又轉怒為喜。在我們表情、心情變化的同時，生理的某些指標也在隨之變化。

小莉最好的朋友小溪週末過生日，她特意跑到了市中心最大的購物中心，準備替朋友買一份精緻的禮物。經過了幾番精挑細選之後，她在一家禮品店裡挑到了一個精緻的玻璃藝術品。疲憊的小莉找到了一處顧客休息區，想要休息一會兒，再出發回家。當她把玻璃藝術品放在了椅子旁邊，剛剛準備坐下時，只聽見「嘩啦」一聲。一位中年男子走過她身邊，同時一腳把她剛買的玻璃藝術品踢倒了，精緻的玻璃藝術品瞬間摔得粉碎。

一身疲憊的小莉，心裡想著「這個人搞什麼飛機，走路都不看腳下的」，她站起身，正要對中年男子發火的時候，發現他原來是一個盲人。衝到嘴邊的怒火，瞬間變為無奈的憤怒。男子相安無事地繼續向前走，小莉只好自認倒楣，回到禮品店重新買一份禮物。

在這個故事中，小莉前後經歷了幾個不同的情緒階段。每一階段都會有相應的主觀感受，即小莉本人的心理感受，還有相應的外部表現和生理反應。比如：當中年男子踢碎了她的玻璃藝術品時，她的主觀體驗是憤怒；外部表現是睜大眼睛瞪著對方，站起身來，躍躍欲試地想要罵人；生理反應則是心跳加快，血壓升高，呼吸急促等。直到她知道對方是一位盲人，情緒迅速轉入下一個狀態。在短短幾十秒鐘的時間裡，情緒可以幾經變化，一會兒達到高潮，一會兒跌落低谷。

人有積極的情緒，也有消極的情緒。積極的情緒對健康有益，消極情緒則會影響身心健康。《黃帝內經》就有「喜傷心、怒傷肝、思傷脾、憂傷肺、恐傷腎」之說，可見古代人已經看到了人的情緒與健康之間的關係。人在恐怖時，會出現瞳孔放大、口渴、出汗、臉色發白等變化；人在憂鬱時，會出現胃酸增多、腹脹、腹痛、便祕等生理表現。這些生理變化在正常的情況下具有積極的作用，可以使身體各部分積極地動員起來，以適應外界環境變化的需求。可是，如果長期使自己暴露在這樣的情緒下，不僅會影響生活的心情，還會帶來身體上的病變。

學會調節自己的情緒，為自己找到一個恰當好用的調節方法，既是提高生活品質的要求，也會給自己的人生帶來愉快的記憶。

　　從前，有一個年輕人。他勤奮、老實，每天賣力地工作，辛苦地經營著他的土地和房屋。每次，與人發生爭執的時候，他都會藉著滿腔的怒氣，以最快的速度跑回家，然後繞著自己的房子和土地跑上三圈，等氣消了之後，一個人坐在田邊喘著粗氣。

　　隨著年齡的增長，年輕人的辛勤勞作終於有了成果。他的房子越來越大，土地也越來越多，可是，不管他的房子多大，土地多廣，只要與人發生了爭執，內心怒火中燒時，他就會繞著房子和土地跑上三圈。多年來，所有熟識他的人，都知道他這個習慣，可是，當別人問他為何要繞著房子和土地跑時，他卻不願意說明原因。

　　幾十年過去了，當年年輕力壯的他，已經變成一個白髮蒼蒼的老人。這時，老人已經擁有了大片的房產和土地，可是，他雖然已經很老，走起路來也顫巍巍的，卻依舊保持著年輕時的習慣。

　　一次，他又被人惹生氣了，拄著拐杖的老人開始繞著土地和房子，艱難地前進。等他筋疲力盡地走完了三圈，太陽已經下山了。老人獨自坐在田地間喘氣，他的孫子走過來，擔心地說道：「爺爺，您現在年紀大了，不能像以前一樣，一生氣就繞著土地跑啊！」看著爺爺沉默不語，一直心存好奇的孫子終於說出了心中的疑惑：「爺爺，您可不可以告訴

我，為什麼您一生氣，就要繞著土地跑上三圈呢？」

　　爺爺原本不想說，最終耐不過孫子的一再懇求，終於道出了隱藏多年的祕密。爺爺說：「年輕時，我如果和別人發生了爭執，生氣時就繞著土地跑上三圈。一邊跑，我就一邊想：我的房子這麼小，土地也這麼小，我不應該把時間花在和別人吵架，和別人生氣上。想到這裡，我的氣就漸漸消了，馬上就把所有的時間用來努力工作。」孫子又問：「爺爺，現在您擁有了大片的房產和土地，已經變成了非常富有的人，為什麼生氣時，還是要繞著土地跑呢？」老人笑著說：「我現在繞著土地跑時，會邊跑邊想：我的房子已經這麼大，土地已經這麼廣闊，我又何必跟人計較呢？一想到這，所有的氣就都消失了。」

　　孫子恍然大悟：「原來，這是爺爺自創的調節情緒的方法啊！」

第二節
一顰一笑、舉手投足 —— 情緒的身體語言

　　情緒的外部表現就是表情。面部狀態、身體姿勢和語調變化，都會淋漓盡致地表現出一個人的情緒狀態。面部是最有效的表情器官，再配合上一個恰當的聲調、豐富的肢體語言，就可以生動、準確地表達出一個人的情緒狀態，甚至可以展現出一個人的文化水準、價值取向和性格特點。

　　俗話說：眼睛是心靈的窗戶。人的眼睛是最善於傳達情緒的，不同的眼神可以表達出不同的情緒。比如：高興時的「眉開眼笑」，氣憤時的「怒目而視」，恐懼時的「目瞪口呆」等。反之，我們也可以透過眼睛傳達出的表情，來判斷對方的內心世界。

　　鄭中基有首歌叫做〈你的眼睛背叛了你的心〉。很多情況下，我們只需要透過一個人的眼睛，就能夠讀懂對方的內心。眼睛的眨眼頻率、眼珠的朝向、視覺方式的變換等，都能夠表達一定的心理內容。當一個人眨眼過多時，他的思維沒有活動；相反，當他的眨眼開始放慢時，說明他正進入思考狀態。

　　除了面部的表情之外，人在不同的情緒狀態下，身體姿勢和語調也會發生不同的變化，比如：高興時捧腹大笑，

恐懼時緊縮雙肩，緊張時坐立不安；爽朗的笑聲表達的是愉快，低聲的呻吟表達的是痛苦；播音員解說歐洲杯的比賽時，聲嘶力竭地喊叫，是一種緊張和興奮，而當談及一位偉人去世時，播報員總是語調緩慢而深沉，表達一種悲痛和惋惜。

　　一個人的舉手投足，都可以表達個人的某種情緒。所以，眾多罪犯才會被自己的表情出賣，讓經驗豐富的警察或者權威的心理學家識破他們的謊言。比如說，人的微笑有兩種，一種是真的，一種是假的，當人們表達真正的微笑時，面頰上升，堆起眼周圍的肌肉，如果此時做腦電反應，會發現大腦左半球的電位活動增加。當人們假笑時，並不是感到愉快，僅僅是為了表示禮貌，或者掩飾尷尬，這時僅是嘴唇的肌肉活動，下顎下垂，大腦左半球電位活動不明顯。懂得這些的人，就可以在人的臉上輕易看出你是真笑，還是假笑。

　　值得慶幸的是，人的表情各有姿態，全人類的表情卻有一個相同的標準，就像達爾文在〈人類和動物的情感表達〉（*The Expression of the Emotions in Man and Animals*）中所說的一樣：「不同的面部表情是天生的、固有的，並且能為全人類所理解。」也就是說，即使東西方存在文化差異，文明社會和原始部落存在差異，並不妨礙生活在北美洲的人讀懂

南非原始部落的表情，也不會妨礙歐洲人讀懂亞洲人的想法。這一點，心理學家保羅‧艾克曼（Paul Ekman）在他的研究中已經得到證實。

　　風靡全球的美劇《謊言終結者》讓我們見識了透過微表情識破謊言的技術，也讓一位研究微表情數十年的心理學家的成就進入了人們的視野，他就是心理學家保羅‧艾克曼。艾克曼是一位執著於個人研究的學者，同時也是一生致力於謊言研究的心理學家。他的故事不乏曲折，卻始終充滿樸素研究的意味。

　　1934 年 2 月 15 日，保羅‧艾克曼出生於華盛頓特區，他的父親是一位兒科醫生。小時候，他的父親經常會在餐桌前閱讀最新的醫學期刊，並且花費時間研究。對研究工作的高度熱情，成為父親留給艾克曼的寶貴財產。

　　14 歲那年，艾克曼的母親死於躁鬱症，這一情節在《謊言終結者》中曾反覆出現：年齡到 49 歲（母親自殺的年齡）的萊特曼博士，一遍一遍地回憶著母親自殺前的情節，期待在蛛絲馬跡中尋找真相。正是由於母親的死，讓艾克曼決定投身於心理學，將來幫助像母親那樣不幸的人。

　　在大學期間，艾克曼曾經是一個不折不扣的佛洛伊德迷。他不僅閱讀了佛洛伊德的所有著作，甚至在與別人討論問題時，常常引用佛洛伊德書中的德文原話。在心理治療的

工作中，他發現了一種「非語言」交流的存在模式 —— 人們往往透過肢體動作和面部表情就可以表達意圖，並不需要語言的參與。可是，誰也不曾想到，對人類手勢和表情的一時興趣，竟會成為他付出一生時間的研究事業。

為了研究「人類表情具有文化一致性」這一課題，他周遊了世界，到了日本、巴西和非洲的很多國家。在旅行的同時，他搜集了許多人的表情照片，他們都來自世界的各個地方。然後，他會把這些照片帶到另外一個地方，要求當地人進行辨別和甄選。結果，他發現無論走到哪裡，當地人都能夠理解那些表情照片的含義。隨後，艾克曼進入尚處於石器時代的原始部落，透過在部落內部的詳細研究，證明了自己始終堅持的想法。

艾克曼到了一個部落成員天性善良、與世無爭的部落。在那裡生活的每一個人，都沒有見過工業文明，他們認為點著的火柴是來自魔法，從未見過手電筒，更沒有透過鏡子見過自己的臉。艾克曼花費了一些時間，盡量讓當地人能夠理解他手上的照片，有時候，他會為一個表情照片編一個故事，有時候他則會問「如果你朋友來了，你會是什麼樣的表情」，然後讓部落成員從眾多照片中選擇。在原始部落的測試中，即使沒有受過教育的人，也能夠看懂世界各地人的表情。在原始部落逗留的日子裡，他也記錄下了他們的喜怒哀

樂，回國後對一些大學生進行測試。

結果證明，艾克曼帶回國的「原始表情」，不同文化環境下的大學生也都能夠正確理解。雖然處於石器時代的人尚未開化，但是他們與我們之間的表情是共同的。因此，艾克曼得出結論：表情有文化一致性，不同文化下的表情是一樣的。

在後續的研究中，艾克曼發展出了他的測謊技術，並且開發了一個影片測試，專門尋找具有識別表情差異超能力的天才，於是，我們看到了《謊言終結者》中的精采劇情和那些具有表情測謊能力的天才心理學家。

▌第三節

從改變認知開始 —— 掌控情緒

　　課堂上，老師進教室後一言不發，從儲藏櫃裡拿出一張白紙，然後在上面塗了一個大大的黑點。班上的同學弄不明白老師在做什麼，開始竊竊私語起來。這時，老師舉起白紙板，大聲地問道：「同學們，告訴我，你們看到了什麼？」全體同學異口同聲地回答說：「一個黑點！」老師驚訝地說：「只有一個黑點嗎？同學們再仔細想想，還能看到什麼？」這時，學生們開始大聲地議論起來，「明明就只有一個黑點，還有什麼呀？」「對呀，對呀，老師只畫了一個黑點嘛！」……學生間的議論還在進行，老師突然大聲地說：「誰說只有一個黑點？這麼大一張白紙大家沒有看見嗎？」原本議論紛紛的學生們，頓時啞口無言了。

　　生活中，我們總是很容易犯這樣的錯誤。回想一下，你是不是在一件事中，只看到了最糟糕的一面，看不到積極的一面？你是不是整天想著那些倒楣的事，而忘了天空中燦爛的陽光？你是不是只能看到別人身上的「黑點」，而忽略了他擁有的一大片的白底？

　　人生在世，不如意之事十有八九。不管是喜悅的、痛苦

的、悲傷的，還是苦澀的，我們都要分開來看。從糟糕的角度
考慮，也要從樂觀的角度考慮，遇到難過的事情，與其傷心痛
苦，不如微笑以對。其實有時候，轉換一下角度，就能夠改變
心情。學會了調節情緒的方法，並且適時地應用起來，保持平
常心，才能夠平和、客觀地對待身邊的任何事情。

　　轉換了角度，原本倒楣的事，可以變成一種慶幸；原本
沮喪的情緒，也可以雨過天晴。當然，轉換角度並非自欺欺
人，我們是在認清事實的基礎上，在可以選擇悲傷，也可以
選擇慶幸的時刻，選擇一種讓自己開心起來的辦法。這是一
種生活的態度，也是人生的重要哲學。

　　有一次，時任美國總統的富蘭克林·羅斯福家中失竊。雖
然國家的重要文件得以保存，家中財物卻被盜走不少，損失
慘重。事發後，羅斯福的朋友紛紛寫信安慰他，他卻很樂觀
地一一回信說：「親愛的朋友，謝謝你的安慰，我現在一切都
好，也依然幸福。感謝上帝。因為：第一，賊偷去的是我的東
西，而沒有傷害我的生命；第二，賊只偷去我部分東西，而不
是全部；第三，最值得慶幸的是，做賊的是他，而不是我。」

　　這是偉人的智慧，也是偉人的胸襟和氣度。許多處在社
會大潮中的人，總是會抱怨自己的出身不夠高貴，抱怨自己
沒有才能獲得地位和財富，抱怨激烈競爭的環境不曾給自己
機會，最後弄得自己整天鬱鬱寡歡、心情鬱悶。其實，假如

你能夠換個角度思考，如果讓你變成一個含著金湯匙出生的貴公子，或者讓你生來就有驚人的天分和才華，你是否能夠經營得當？是否能創造出色的成績？每個人的成功都不是偶然的，當你能夠換個角度思考時，就會發現，原來一切都並不容易。那些氣憤和心有不甘，也不過是自己的心態問題而已。轉換個角度，將自己的聚光燈從別人身上轉向自己，與其氣憤不平、到處抱怨，不如從這一刻開始努力開創自己的生活。心情愉快，情緒自然也會平和泰然。

俄國作家契訶夫說過：「如果你手上扎了一根刺，那你應當高興才對，幸虧它不是扎在眼睛裡。」第一次看到這話的人，會把它當成一種幽默的調侃與戲謔，經過時間歷練的人才會慢慢發現，其實這是一種達觀的生活態度，是需要經歷得失，經歷苦樂之後才能體悟的人生智慧。

中國著名畫家俞仲林因擅長畫牡丹而聞名遐邇。有一次，他剛剛畫了一幅「牡丹圖」，就被一位收藏家買走了。這位收藏家買到了俞仲林的牡丹圖，心裡非常高興，回家趕忙將畫裱起來，端端地掛在大廳裡。

有一天，他的一位朋友來拜訪他，看見這幅畫，大呼不好，說：「兄臺呀，你買的這幅畫是個次品吧？你看，這牡丹花沒有畫完，缺了個邊。牡丹代表富貴，這缺了角的牡丹，豈不意味著『富貴不全』了嗎？」

收藏者一聽，大吃一驚，也覺得牡丹殘缺一邊不好，不是一個好兆頭。於是他將畫取下，退回給俞仲林，請求他重畫一幅。

俞仲林聽後哈哈一笑，說：「牡丹代表富貴，所以要缺一邊，這是取『富貴無邊』之意，代表著吉祥祝福呀！」

收藏者聽了俞大師的解釋，頓時感到心花怒放，又把畫當寶貝一樣拿回了家，重新掛到了大廳裡。

我們可以看到，事情的本身並沒有發生變化 —— 那幅畫上的牡丹依舊是少了個邊。可是，如果我們對事件的想法和認知不同，情緒就會發生相應的改變。就像心理學家亞伯特·艾利斯（Albert Ellis）總結的理論：外界事件會讓我們產生情緒，是因為我們對事件的看法和認知。當事件本身無法改變時，想要改變我們的情緒狀態，就必須改變對事件的想法和認知。

臺灣著名漫畫家蔡志忠說：「如果拿橘子比喻人生，一種是大而酸的，另一種就是小而甜的。一些人拿到大的會抱怨酸，拿到甜的會抱怨小；而有些人拿到小的就會慶幸它是甜的，拿到酸的就會感謝它是大的。」許多時候，如果我們不能改變環境，就要試著改變自己；如果不能改變事實，就要改變態度；如果不能事事順意，就要轉換角度，改變心情。

第四節
現代人的心靈殺手 —— 憂鬱情緒

生活中經常聽到有人在說「我很鬱悶」、「最近很煩躁」、「別理我，很煩」等等這類語言，實際上，這些詞都是憂鬱情緒的代名詞。

生活在競爭如此激烈的當前社會，幾乎每個人都在超負荷地運轉。工作的時間越來越長，生活節奏越來越快，有些人為了工作在辦公室裡加班到深夜，有些人不得不在飛機上吃飯；人們的生活越來越封閉，越來越缺乏活動，每個人白天工作時，被關在辦公室裡，回到家則被關在臥室裡。這種與世隔離的情況，難免有時遇到工作不順，有時遇到情感受挫，也導致越來越多的人存在憂鬱情緒。有很多心理學家提醒說：我們的身體已經跟不上 21 世紀這種缺乏睡眠、營養不良、快節奏的生活方式了。

所謂憂鬱，就是一種極度的疲倦和無意義的感覺，在情緒上失去了做任何事情的熱情和動機，覺得活著很累，很沒意思，甚至出現厭世的想法。它是人群中較常見的一種心理失調現象，只要注意調整和治療，不會影響學習和生活。

一般人的情緒變化有一定的週期性，通常都是短期的。

即使存在憂鬱情緒，也可以透過自我調適，在心理防禦功能的配合下，恢復正常的、平穩的心理。不過如果憂鬱情緒持續存在，甚至不經治療難以自行緩解，症狀會逐漸惡化，就是心理問題了。如果憂鬱情緒持續超過一個月，甚至持續數月都存在，則可以確定是憂鬱症狀。若非如此嚴重，其他憂鬱狀態都是普通的憂鬱情緒而已，是每個人都會有，都會經歷的一種情緒狀態。

貝蒂是一位 36 歲的憂鬱症病人。她在病人陳述中訴說了自己遭受的痛苦以及其艱難曲折的求醫過程。她說：「這幾年來，我一直飽受胃痛、頭痛、憂鬱和過敏反應的折磨。」她的表情淒然，好像經歷過生死一樣的痛苦。「我一直使自己安靜和鎮定，可是一直都做不到。我總是戰戰兢兢地，如同被綁在了一個拉得過緊的弓上，時時擔心著自己的安危。我總是非常敏感，容易激動，一點小事就讓我情緒失控，身邊的人完全不知所措，我也不知道該怎麼辦。此外，我還特別容易生氣，髒了沒洗的咖啡杯，或者滴落果醬的地板，都會讓我脾氣爆發。」

「在我尋醫問藥的過程中，浪費了很多時間，走了很多彎路。起初，我的背疼得厲害，肩周也痛，外科醫生認為沒什麼特別的病，不過是一種由腰椎間盤突出引發的普通疼痛，婦科檢查和神經科檢查也沒有查出任何病變。我嘗試過按

摩，可是他人的觸碰讓我感到緊張；我也嘗試過體操和放鬆運動，可是過度勞累讓我疲憊不堪。實在沒有辦法時，神經科的醫生給我開了鎮定類的藥物。服下後的確有效，可是，只要藥一停，一切毛病又找上來了。我知道自己不正常，我想我是真的病了，可是，卻不明白原因在哪？」

很多人都會走過貝蒂一樣的求醫過程。他們習慣頭痛醫頭，腳痛醫腳，直到任何藥物都無法幫助他們擺脫痛苦，他們才決定尋找心理治療師，解決心理上的問題。貝蒂也是一樣，她在一年之內經歷了婚姻失敗、母親去世和失業的三重打擊，在最初的三個月裡，她還可以正常生活，靠社區的義工工作打發時間，直到身體上的痛苦幾次三番地折磨著她，她才找到了心理醫生，確定自己患上了憂鬱症。

憂鬱情緒的產生通常和周圍環境的變化有著密切的關係。一個人在逐漸意識到自己的社會義務，逐漸形成自我價值的觀念後，如果內心不夠強大，一旦受到挫折或打擊，往往不能正確對待，會產生憂慮不安，進而導致憂鬱症的發生。對大多數人來說，憂鬱只是偶爾出現，歷時很短，時過境遷，很快就會消失。但對有些人來說，則會經常地出現，甚至陷入憂鬱的狀態而不能自拔。

導致憂鬱的原因，還有一個就是性格原因。有些人性格內向，習慣用悲觀、消極的觀點看待問題，不自覺地形成了

自卑心理，常常用一種假想的角度，把自己想得處處不如別人。比如：當看到某位同窗好友取得成功時，就會暗暗自責：「人家那麼有本事，我一點能耐都沒有。」如果恰好自己遇到了挫折，也會說：「為什麼好運到處幫助別人，卻從來不會眷顧我。」而且，情緒會長久地留在過去的錯誤中，擔心別人對自己的看法，整日憂心忡忡，深深自責。

陷入憂鬱狀態的重要表現就是情緒低落，鬱鬱寡歡，思維遲緩，興趣喪失，悶悶不樂，缺乏活力，反應遲鈍。對生活缺乏信心，體驗不到生活的快樂，做什麼都無精打采，不願與人交際，看上去疲憊倦怠、表情冷漠、面色灰暗，彷彿陷入了痛苦的深淵而無力自拔。

在美國，大約每四個人中就有一人患上了憂鬱症。心理學家史蒂芬·伊拉迪（Stephen S. Ilardi）經過了幾年的研究，找到了一個獨創的良方 —— 跟著土著人一起鍛鍊。他觀察到，新幾內亞的土著人甚少患有憂鬱，或者沾染憂鬱的情緒。其中一個重要的原因，就是他們每天都會進行幾小時的鍛鍊，包括步行 5 ～ 10 公里尋找食物，為了搭建房屋而長距離地運送原木，每天的祭祀活動還會讓每個人都跳上幾個小時的舞。可以說，回歸到原始社會的生活，按照我們祖先的方式運動，讓自己的身體不再局限在沙發和冰箱的距離，或許可以成為趕走憂鬱的一個良策。

第五節

不安像空氣一樣彌漫 —— 焦慮情緒

　　你的生活，是否白天需要面對許多外界的壓力，夜晚還要經受失眠的折磨？你對工作，是否每天盡心盡力地完成，還是要為隨時的升遷或調職擔心？你是否也會抱怨，為什麼別人能夠生活泰然，而我卻要每天奔波勞碌，疲於奔命？這一切，是你天生個性憂鬱，喜好漫無邊際地胡思亂想，還是生活的經歷讓你焦慮如此？

　　其實，很多人都像你一樣，正在經歷著焦慮情緒的考驗。它像空氣一樣，無聲無息地存在身邊，也像寄生蟲一樣，漸漸地吞噬掉一個健康的心態和快樂的靈魂。焦慮讓人生變得沉重，變得悲觀，讓恐懼和懷疑時常侵蝕著內心。可是，你能夠體驗到的卻只是無止境的擔憂，是快樂生活的一去不返和內心的焦躁不安。

　　建仔是一名已過而立之年的軍官。他性格樂觀、開朗，與人為善。在家中排行最小的他，從小備受父母和兄姐們的照顧，自從娶得愛妻之後，可謂生活平穩，安定富足。可是，最近半年來，他卻時常心情煩躁，工作上常有不順，回到家也經常和老婆吵架，鬧得全家人都跟著他擔心。原本一

個氣質儒雅的男人，怎麼短時間內就像變了一個人似的？原來，一切都是焦慮症惹的禍。

建仔從小生活環境優越，而且他還是家裡最小的孩子，難免更受長輩的寵愛。可以說，從他出生開始，父母已經為他安排好了人生，他毋須過多擔憂，更不必為了生計到處奔波。在 27 歲那年，他遇到了小他五歲的妻子筱禾。筱禾是一個天生的美人胚子，不僅人長得漂亮，氣質也好，溫柔似水，小鳥依人。經過充滿波折的一段熱烈追求，建仔終於得以娶得嬌妻回家。不過，筱禾在眾多的追求者中選擇了他，自然對他期望甚高，這使他時刻期待著自己能夠更完美，心理上多少有些勞累和自卑。

平時努力在工作中做出成績，卻無奈時局難料。就在他一門心思想要晉升，在更高層面上施展才華時，恰逢他所在的部隊進行整編，需要抽調一批軍士官，隨軍隊駐紮到離島上。原本事事順意的建仔，萬萬沒有想到，抽調的名單中會有他的名字。接到報到的通知後，他就懷疑有人在背後陷害他。費盡周折調查一番之後，也沒有找到期待的答案。心灰意冷的他，無奈之下只能將這個消息告訴妻子。妻子一邊哭訴著自己的命苦，一邊埋怨著丈夫的無能。

調去離島工作後，建仔整天都是愁眉苦臉的，而且還疑神疑鬼，擔心還會有人在暗中算計他，擔心自己哪一天會被

調離到環境更惡劣的地方工作。於是，他整天神經緊張，眉頭緊鎖，對生活的環境產生了一種莫名的緊張不安。同時，遠在異鄉的他還在時刻擔心家裡的嬌妻，生怕剛剛結婚不久的妻子會因為長久分離，而投入他人的懷抱。

長久的心理焦慮讓他痛苦不堪，吃也吃不下，睡也睡不好。長官出於工作的考慮，建議他去諮詢身心科醫師。當他坐在診間裡，一一陳述了生活苦惱後，醫生就準確地做出了診斷 —— 建仔是患上了焦慮症。

焦慮是生活中非常常見的一種情緒狀態。比如：考試前的學生總是會擔心自己沒複習好，擔心考試的問題沒有溫習過；產房外的老公總是會擔心妻子的狀況，在走廊裡走走停停，坐立不安；在面試場外焦急等待的求職者心跳加速，胸口憋悶，手心都攢出了汗來。這些平常的焦慮情緒，是對冷漠生活的一種調節劑，也是人類一種本能的自我保護反應。

一位德國精神病學家曾經說過：「沒有焦慮的生活和沒有恐懼的生活一樣，並不是我們真正需要的。」也就是說，適當的焦慮對我們的生活是有用的，甚至是必不可少的。在平淡的生活中，時常出現的焦慮情緒能夠刺激大腦神經，豐富我們的情感。可是，凡事總是要適量才好，就像美味雖然好吃，但是吃多了也會肚子痛。如果總是處在焦慮的狀態，總是為了不會發生的事情焦慮，結果焦慮的情況變得異常嚴

重，或者焦慮情緒持續了很長時間，那麼就可能變成建仔的情況，需要尋求諮商心理師的幫助了。

排除焦慮情緒，不能像解決口渴一樣，喝點水馬上就消失了。它需要長久的耐心，需要科學的方法，還需要一顆安穩沉靜的內心。只有告別心浮氣躁，告別膽小怕事，告別沉默自卑，才能在身心舒暢中重新擁抱生活。

下面是排斥焦慮情緒的實用方法，如果你此刻正感受焦慮，深受其擾，不妨嘗試一下。

◈ 做充分的運動。跑步、慢走和球類運動，可以消耗掉神經緊張時身體分泌的化學物質，讓肌肉回到放鬆的狀態，還能夠消除肌肉疲勞，以達到控制焦慮情緒的目的。

◈ 洗熱水澡。當我們神經緊張、內心焦慮時，會相應地減少流到四肢末梢的血液，使肢體變得僵硬。這時，用熱水洗澡可以促進血液循環，幫助身體放鬆。切記：不可用冷水洗澡。冷水會使血液遠離四肢，增加焦慮情緒。

◈ 聽音樂。音樂能夠使肌肉鬆弛，也會幫助精神放鬆，使積聚的壓力得到釋放。

第六節
一點就著的炮仗脾氣 —— 情緒暴躁

　　家喻戶曉的大哲學家蘇格拉底，他的妻子是眾所周知的悍婦。蘇格拉底寧願大部分時間都躲在樹下思考，而不願意回家面對自己的太太，就是因為他的妻子性情非常急躁，常常當著眾人的面讓這位著名的哲學家下不了臺。

　　有一次，蘇格拉底正在和幾位學生討論某個學術問題時，他的妻子不知何故，忽然破口大罵起來，學生們都非常吃驚，不明所以。繼而，他的妻子又提起一桶冷水朝著蘇格拉底潑了過去，讓蘇格拉底全身溼透，瞬間變成了落湯雞。當學生們感到十分尷尬而又不知所措的時候，只見蘇格拉底詼諧地笑了起來，幽默地說：「我早知道打雷之後一定要跟著下雨的。」

　　還有一次，蘇格拉底的學生不解地問：「老師，您一直教導我們要慈悲，要忍讓，要懂得做人的道理。可是，您的夫人如此暴躁，又如此凶悍，您為什麼不教化她呢？」蘇格拉底沉吟了一下，回答說：「正因為她如此的凶悍，如果我能夠容忍她，就能夠容忍全世界的人了。」蘇格拉底的這句話後來成為千古名言，其中包含的人生學問和智慧引發後世人的不斷深思。

自古以來，潑辣的妻子一直是讓丈夫頭痛的對象，最出名的莫過於蘇軾筆下的「河東獅」。雖然這些有涵養、有風度的丈夫漸漸找到了與悍妻和諧相處之道，可是，如果我們在生活中遇到脾氣暴躁的人，或者一不小心，我們自己變成脾氣暴躁的人，可能就不會如此幸運了。

俗話說：氣大傷身。雖然這只是一句百姓總結的俗語，卻是有一定的科學依據的。在生活中，每個人都難免會遇到讓自己氣不過的事情。面對同樣的事情，心態平和的人會耐心地弄清楚事情真相，隨後就相安無事了。而那些脾氣暴躁的人，卻常常難以控制自己的情緒，遇到事情首先亂發一通脾氣，大吼大叫，氣憤至極，還可能傷及身邊的桌椅板凳、日用器皿，最後事情並沒有愉快地解決，還要給自己留下一系列的身體隱患。

在職場上，無法合理控制情緒的人，很容易得罪同事或者主管，使人際關係遭遇挫折，嚴重時還會影響自己的事業發展。而且，經常發脾氣，或者遇到點小事就暴跳如雷的人，常常容易患上糖尿病、冠心病和高血壓等心身疾病。因為擁有「小暴脾氣」的人，按照性格分類來講，屬於我們前面介紹過的 A 型性格。這類人素以脾氣火爆、情緒難以自制著稱。他們喜歡競爭、有幹勁、好鬥，偏愛顯示自己的才華，但是遇事容易急躁，不善克制內心，對人常存戒心。

最初提出「Ａ型性格」這一概念的是一位美國學者邁耶‧弗里德曼（Meyer Friedman）。他就是觀察了大量的冠心病人之後發現這一特點的。弗里德曼通常用四個單字來概括冠心病的特徵，即易惱火、激動、發怒和急躁。因為這四個英文單字中有兩個以Ａ開頭，因此弗瑞德門將這種性格命名為「Ａ型性格」。

脾氣暴躁的人一般有一個共同的生理因素，就是血液中的血清素不足。這是一種調節情緒、控制行為的物質，如果人體分泌過少，就會無法抑制情緒，遇事容易暴躁、發怒。這種因素往往來自遺傳，而且常常顯出家族性，也就是說，如果老爸脾氣火爆的話，兒子一般也會如此。脾氣暴躁還有另外一個原因，就是心理因素。脾氣火爆的人一般缺乏幽默感，對待事物認知不足，又期望過高，如果事情無法按照預期的發展，他就容易思維極端，衝動發怒。

雖然說一個人的性格是江山易改，本性難移，但是，每個人的情緒依舊是可以調節的。下面是調節脾氣暴躁的小祕方，如果你恰好經常生氣，無法控制自己的「小暴脾氣」，不妨按照這幾個祕方嘗試一下：

◇ 學習克制自己的暴躁脾氣。時刻提醒自己要冷靜，情緒要平穩。在出口傷人前，先數十個數字，將不恰當的話語沉澱一下，透過時間上的緩衝，幫助自己的頭腦冷靜下來。

◈ 轉移注意力。當情緒激動起來時，為了避免立即爆發，可以嘗試著轉移一下話題，或者做些其他的事情，比如迅速離開，去找朋友談心，出門散散步，或者乾脆到廣場上跑幾圈，把情緒釋放出來後，再回頭談事情的具體細節。

◈ 換位思考。學會體諒他人的感受，不要動輒指責別人，也不要將自己的一時痛快建立在別人的痛苦上。可能你只是隨便發發火，發洩一下心中的憤懣，卻會帶給別人深深的傷害。常常想想，如果有人對你大發脾氣，你會怎麼想？心裡會是什麼樣的感受？換位思考是理解他人，體諒他人的重要一步。

◈ 培養自己的藝術情操。具有 A 型性格的人，總是忙忙碌碌，覺得時間不夠用，恨不得同時做好幾件事。這樣一來，也讓自己的情緒保持在一個過度緊繃的狀態，因此遇到事情，比其他人更容易發火。平日裡，可以用一段純粹的休閒時間，聽聽舒緩的音樂，或者看一部節奏緩慢的文藝電影，在長時間的沉靜裡安定情緒，對控制暴躁情緒也有一定的幫助。

第八章

用心理學的眼睛看世界 —— 社會心理學

幸福不是一棵白菜，可以估算價錢，也不是一噸黃金，可以作為炫富的資本。在幸福面前，總有人追求高貴，也有人嚮往淡雅，比較出來的幸福永遠是外在的境遇，內心的感受才是真實的生活。

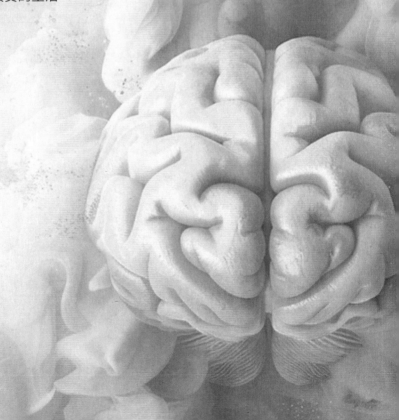

第一節

「三人成虎」的背後 —— 從眾心理

孔子有個弟子叫曾參。他對人仁慈，孝順父母，不會做為非作歹的事，更不會殺人越貨，觸犯刑法。方圓幾十里之內，都知道他是個好人，當然，他的父母對他的為人更是極為了解。

一天，鄰鎮上有一個與他同名同姓的人，殺了人後又跑掉了。第一個聽到消息的人，來到曾參的家裡，告訴他的母親說：「曾參殺人了。」曾參的母親相信兒子的品行，反駁說：「我兒子不會殺人的。」過了一會兒，又跑來一個人，對曾參的母親說：「曾參殺人了。官府貼出了通緝的告示，正準備抓他歸案呢。」曾母心中將信將疑，但是仍然堅持說：「我了解他的為人，他是不會做犯法的事的。」正在曾母猶豫時，第三個人又跑來告訴她說：「曾參殺人了。官兵正在趕來的路上，馬上就要把他抓起來了。」沒等他把話說完，曾母已經翻過牆頭，遠遠地逃開了。

所謂三人成虎就是這樣形成的。雖然每個人都在標榜自己的個性，主張面對困境，要學會獨立思考，可是很多時候，任何人都不得不放棄自己的個性，接受隨大流的命運。

因為面對選擇時,對於那些自己並不清楚的事,那些沒有把握的決定,隨大流是一個非常簡單而且實際的做法。

隨大流,心理學上叫做從眾心理,指的是由於群體的引導或施加的壓力,而使個人的行為朝著與群體大多數人一致的方向變化的現象。社會心理學家研究發現,持一種意見的人數多少是影響群體從眾的一個重要因素。「木秀於林,風必摧之」,很少有人能在眾口一詞的情況下,仍然堅持自己的意見,不向大多數人妥協。因為,在一個團體中,每個人都希望能夠找到自己的位置,希望能夠和身邊的夥伴和平相處,如果誰做出與眾不同的選擇,必定會成為一個團體的背叛者,遭到其他成員的排斥,甚至受到嚴厲的懲罰。因此,很多人寧願犧牲自己的真實想法,也會選擇從眾,以保持和團體的一致性。

社會心理學家曾做過一個經典的從眾實驗。將十個人分到一個小組內,讓他們辨識線段的長短。這十個人中,有一個人是真正的受試者,另外九個則是實驗助手,也就是主試的「樁腳」。他們會故意說假話,以混淆視聽。

主試在黑板上畫了兩條線,線段 A 和線段 B,在 A、B 旁邊畫一條斜線段 C。然後主試提問:「第三條線段 C,和線段 A、B 哪條一樣長?」主試的話音剛落,作為「樁腳」的九個人陸陸續續發言,說是 B 和 C 一樣長。可是,三條

線相比，能夠很明顯地看出來，B 比 C 長一小段。在眾人的選擇中，真正的受試者猶豫了。將類似的測試重複一百次之後，統計結果顯示，有 38％的人會選擇漠視心中的真理，認定眾人的選擇，即使他明明知道那是錯的。

透過這個實驗，真切地說明了群體中的很多人，會屈從與多數人一致的壓力，即使在明知道選項錯誤的情況下，也會選擇和大多數人一樣。

日常生活中，這種從眾的行為還有很多。比如：大街上有人在吵架，一開始有兩三個人在旁觀，隨著人數的增多，會有來自遠處的更多人參與圍觀；在商品限時搶購的促銷活動中，路過的人也會因為店裡的熱鬧場面，而去參加搶購商品，即使最後他發現，買到的東西是自己根本不需要的；另外，已經流傳多時的風俗習慣也會變成一種從眾，如結婚請客、節日祭祖，後來人基本毋須思考，就會遵照習俗的要求，約束自己的行為。因此，這種毫無思考地遵照他人的做法，不僅會讓自己喪失了獨立的思考，有時候還會鬧出笑話來。

二戰後的英國，物資嚴重缺乏，生活在倫敦的每個人都養成了排隊領麵包、領牛奶的習慣，因此對於街頭上排隊的人群，也會過分敏感。一次，一位男士正無所事事地在街頭閒晃，忽然看見街角處排著一條長龍，所有人都規

規矩矩地站在隊伍中，好像在等待著什麼。這位男士不管三七二十一，趕緊站在了隊伍的最後面，生怕正在派發什麼亟需的生活用品，被自己的大意給錯過了。

隊伍實在太長了，男士開始等得有些不耐煩，不過，為了拿到寶貴的物資，只得耐下心來慢慢等待。等他終於排到隊伍的前頭時，才發現，原來這些人在排隊上廁所。大失所望的他，心中懊惱自己的愚蠢，更害怕在眾人中鬧出笑話，貽笑大方，於是他悄悄地退出了隊伍，穿過人群，默默地向家裡走去。

其實，現實中的從眾，有時候是迫於多數人的壓力，有時候則成為生存選擇的一個必須。一個社會擁有統一的秩序、統一的道德評價、統一的行為方式，才能保證人與人之間的正常交往，社會機器才能正常運轉。從這個角度說，從眾成為一個人適應社會，適應生存的主要方式。不過，在紛繁複雜的事物面前，仍然需要保持一顆清醒的頭腦。雖然一個人的知識有限，閱歷有限，面對時常出現的複雜局面，難以具備全面觀察、高效解決的能力，但是，冷靜地觀察，理性地行動，仍然是我們選擇從眾與否的前提。

第二節

比上不足比下有餘 —— 幸福的比較級

「幸福是個比較級，要有東西墊底才感覺得到。你在羨慕誰，誰又在羨慕你？」不知道從什麼時候開始，我們的幸福一定要透過和他人的比較，透過金錢的計算，才能顯現出來。

剛交了第一間房子頭期款的人，覺得有三間房的人才是幸福；住在公寓的人，覺得住在郊區別墅的人才是幸福；養一個孩子覺得吃力的人，覺得送孩子出國留學的人才是幸福；擠在公車裡的人，覺得開著 BMW 的人才是幸福……

奇怪的是，失業的人羨慕被上司痛罵的員工；身在職場的人，卻羨慕可以在家喝酒、打牌、看電視的失業者。好像每個人都在比較，都在衡量，而且永遠用別人的風光，看自己的陰影。好像永遠有個別人，過得比自己快樂，比自己幸福，卻從來沒有人想過，每天自怨自艾的自己，自己的不幸生活，也會成為他人嚮往的目標。

美韻和嘉玲是大學同學，多年不見的兩個人，竟然因緣際會地再次相見，而美韻也成為嘉玲家裡的常客，兩人互相談心，傾訴多年來的生活和衷腸。

　　美韻一直是那種有些想法的女子，上學時，就整天吵鬧著今後要做女強人，要有自己的事業。如今，果真讓她擁有了自己的公司，卻也難免每天辛苦奔忙，出來進去，把自己練成了鋼鐵人。相比美韻，嘉玲一直都很實際。憑藉不俗的姿色，在大學裡找到一個富二代，畢業就結婚生子，隨著丈夫事業的發展，她也算過上了富太太的生活。終日看景種花，十指不沾陽春水。

　　美韻第一次去嘉玲家時，心裡著實嚇了一跳。因為嘉玲向來喜愛花草，她老公特別為她選了一處露臺寬廣的房子，放眼望去，不知名的盆景一排排地整齊擺放，花兒芬芳，葉子婆娑，40幾坪的地方，簡直變成了一個花草的世界。美韻看著她最鍾愛的夾竹桃和風信子，心中不禁感慨：「我和老公辛辛苦苦存錢買下的房子，大小也不過如此，如今，人家的一個露臺，就抵過我幾年的努力。」想起從前的過往，女人的嫉妒心難免翻起酸意。念書時，美韻處處比嘉玲好，如今卻落得天差地別，不禁要感嘆命運弄人。

　　看著走過來的嘉玲，美韻稱讚道：「你們家的露臺真漂亮，妳也太幸福了，有一個這麼疼妳的老公。」嘉玲陪笑著，臉上的表情卻怪異得很。不一會兒，嘉玲老公回家了，和美韻打了一聲招呼，就提著公事包，直接進了書房。美韻看著一臉失望的嘉玲，探詢道：「妳先生真忙啊，

這麼晚才回來！」嘉玲說：「鬼知道他在忙些什麼，反正他忙他的，我忙我的，我們現在誰都不管誰了。」看著嘉玲漸漸冰冷的臉色，美韻知趣地告辭，匆匆離開了那個過於夢幻的房子。

在回家的路上，美韻一直在想：「嘉玲用的幾萬塊一套的化妝品，我永遠也買不起；嘉玲經常去的那家 SPA，我這輩子都不會成為那裡的會員；嘉玲種花的那個露臺，可能以後還會變大，我家的房子卻要成為我一輩子的窩了 —— 可是，我有一個回家就會大聲喊我名字的老公，他從來不會跟我擺臭臉，也不會讓洗碗精傷我的手，雖然他能力不夠，錢賺不多，在事業上也不能幫我的忙，卻給了我最真摯、最實惠的幸福。」如此比較了一番，美韻的心裡舒服多了，不再感慨嘉玲的奢華生活，也不再自怨自艾。

俗話說：「人比人，氣死人。」永遠看到別人的優勢、關注自己劣勢的人，注定只能在無窮盡的唏噓和自卑中，毀掉自己的生活。

如果和舞蹈家相比，沒有誰能有那樣纖細的身材和曼妙的舞姿；如果和運動員相比，沒有誰能有那樣強健的體魄；如果和博爾特比，你永遠跑不快；如果和伊辛巴耶娃比，你永遠跳不高。自尋煩惱的人，喜歡在比較中秤量自己的幸福，在金錢數字堆裡計算自己的快樂。

記得，有一位老人曾經說過：「什麼是幸福？醫院沒有病人來自我家，監獄沒有犯人來自我家，這就是幸福。」著名的哲學家黑格爾的幸福定義更加簡單：「有一份穩定的工作，能遇上自己的愛情，擁有愛妻。」其實，幸福的本質很簡單。它不是來自物質的堆積，不是來自外在的處境，而是內心的一種感受。身穿華服，擁有全部物質享受的貴婦，在別人看來，她很幸福，可是，她的內心不一定這樣認為；粗茶淡飯，整日為了生活奔波勞累的主婦，在別人看來，她活得辛苦，活得緊張，談不上幸福，可是，她的內心也不一定這樣認為。

幸福不是一棵白菜，可以估算價錢，也不是一噸黃金，可以作為炫富的資本。在幸福面前，總有人追求高貴，也有人嚮往淡雅，比較出來的幸福永遠是外在的境遇，內心的感受才是真實的生活。

第三節

樂善好施為哪般 —— 利他行為的動機

　　湯氏瞪羚是一種生活在非洲坦尚尼亞及肯亞的小型羚羊，牠們喜歡在長有豐富食物和擁有自由空間的開闊草地活動。湯氏瞪羚很擅長逃跑，也擅長跳躍，牠跳一次高度達到3公尺，距離長達9公尺。牠轉彎的速度甚至比印度豹還快，因此牠常用急轉彎的方式擺脫獵手的追趕。

　　湯氏瞪羚有一個很奇特的地方，就是當一隻瞪羚看到獅子或其他敵人正在逼近瞪羚的群體時，牠不會第一時間逃跑，而是在原地跳躍竄動，向牠的同伴們發出危險的訊號，同時也把敵人的目光吸引到自己這邊，為牠的同伴創造逃脫的機會。

　　生物學家觀察到，這是一種非常特殊的行為方式，而且，這種行為只發生在湯氏瞪羚身上。按照一般的行為原則，最早發現危險的瞪羚，應該最先逃跑，或者一邊喊叫，一邊逃跑，這才是最佳生存策略。但湯氏瞪羚放棄了第一時間逃生的機會，並以自己的生命為代價向同伴報警，使自己暴露在捕食者面前。

　　這一行為看上去頗似母鳥保護幼鳥的行為，但牠們的內

涵卻有明顯的差別。有些心理學家解釋為，這是湯氏瞪羚的一種本能行為；有些心理學家則認為，這是動物界罕見的一種純粹的利他行為。不過，這種常常被看作純粹利他的現象，尚未尋找到科學的依據。

所謂利他行為，最廣泛的定義是提供時間、資源或能量以幫助他人的行為。如親社會行為、助人行為、利他主義行為等。所謂純粹利他，即利他主義者不追求任何針對其個體的客觀回報。至於利他行為的本質是什麼？不同學者有不同的看法。有人認為利他行為的本質是利己，也有人認為利他行為的本質不是利己。

在社會中，存在著很多形式的利他行為。比如：九二一大地震時，那些踴躍捐款的愛心人士；多年來堅持收養流浪動物的女子；為病情危急的陌生人捐血的年輕人；將所有的青春投入到山村教育的志工……不過，一個行為的發生，可以有不同的動機，我們也無從考證，這些人做出善行的原始動機，是利己還是利他。

清朝有一部小說，叫做《鏡花緣》。書裡曾經勾畫了一個君子國。生活在君子國裡的人，從來不關心自己，只關心他人，個個都以自己吃虧、讓人得利為樂事。在君子國的市場交易中，賣主在出售貨物時，一定會拿上等貨給買主，並且收最低的價錢，而買主則一定要買店鋪裡的次等貨，並且

願意付最高價錢。這個國家的國王也非常克己，如果臣民進獻珠寶給他，不僅不會受到誇讚和賞賜，進獻的人還必須將珠寶燒毀，並且接受相應的懲罰。

小說中描繪了一個道德水準非常高，人人為他人著想、謙虛有禮的社會。不過，從物種生存的角度嚴格審視，這個社會的生存策略實在難以恭維。如果我的拉鍊開了，要求你幫我拉上；我的鞋帶開了，要求你代我繫上；你缺了柴米油鹽，要我去操心置備；你賭博欠債，要求我幫你償還。這種捨棄依靠自己除錯來創造更加方便和迅捷的生活，而要彼此之間相互代理的社會模式，根本不可能存在。即使存在，最終也會被更高效、更有秩序的生活方式所取代。從物種演化的角度來看，無條件的利他天性，無條件地幫助那些無親緣、無血緣關係的陌生人，會使個體失去存活的可能，這並不符合演化的規律。

當然，現在文明社會的道德約束、學校教育，甚至是宗教信仰，同樣還是可以助長利他行為，因為社會道德宣揚「互幫互助」，宗教也向教徒宣傳「與人為善」。不過，目前心理學界的研究依然認為，人類社會不存在純粹的利他主義。一切幫助行為都有著內部和外部的獲益，類似於市場經濟中的等價交換原則。雖然利他行為遠不是一種純經濟的交換行為，而是一種更豐富的社會文化現象，然而不可否認的

是，等價交換是人類道德和情感維持的巨大槓桿。

任何看似利他的行為，實際上本質都是利己的。在幫助他人的同時，也是透過犧牲物質利益來換取精神上的滿足。當我們付出愛時，想要得到他人更多的愛；付出友誼時，同樣需要他人的友誼，並且滿足與人交往，心有歸屬的需求。對陌生人付出感情和物質，都是為了某種程度的回報，有的是精神上的愉悅，有的是更大的物質豐收。我們每天被各式各樣的良好品德與社會輿論約束和鞭策，以為擁有了這些高貴的特質，我們就能變成更好的人，就會覺得感情豐盈，精神世界是那麼純潔無瑕。殊不知，能夠擁有難以抗拒的親和力和好人緣，早已成為內心期待的回報之一。在一個個漂亮的外殼之下，利他的本質往往並不是我們想像的那樣飽滿。

現實生活的真相總是那麼殘酷。當我們投資股票時，希望股市飆漲，收益滿盤；當我們選擇愛人時，則期待著獲得對方更長久的愛戀；當我們養育子女時，希望將最優良的基因、最好的教育傳給下一代，出於 DNA 的自私性，我們對後代的重視永遠超過對父母的關愛。

雖然利他主義的本質如此，也不代表它就應該被鄙夷或者拋棄。由於利他主義的存在，人與人之間的相處會更加融洽，人們更願意在群體中樹立一種公認的道德標準，社會風氣也會因此變得更適宜人類生存。

第四節
圍觀造成的悲劇 —— 旁觀者效應

　　小張下班後，吃過晚飯，閒來無事便決定到樓下轉轉。快速行走了幾百公尺後，他走到了一個小吃攤，要了兩樣小菜和啤酒之後，在座位上靜靜地享受起美味來。

　　突然，小張聽到小吃攤的盡頭傳來了一陣騷動，接著就是桌子、板凳碰撞的聲音，過了一會兒，小張看到前方的兩人被噴濺的啤酒瓶碎屑濺到，紛紛躲開，為了避免受傷，他也連忙起身離開。不過，小張天生愛湊熱鬧，最後還是忍不住跟著移動的人流，走上前去圍觀。

　　原來，吵鬧的是兩個喝醉的男子，因為幾句口角，加上酒精的刺激，在街邊開始大打出手。小張的第一反應就是打電話報警，他剛掏出來手機，就聽到周圍的人在喊：「趕緊打 110，叫警察來呀！」小張一想，這麼多人在看，肯定有人已經報過警了，他就不必多此一舉了。過了十幾分鐘，兩個人紛紛倒在地上，看著碎了滿地的啤酒瓶，兩人應該是傷得不輕。小張心想：「醉酒鬧事，看等一下警察來了，怎麼收拾你們！」看著人群散去，小張打包了他的啤酒和小菜，安然地回家睡覺了。

　　一夜長夢讓那場莫名其妙的打架攪得亂七八糟的，沒想到，第二天的報紙新聞更讓小張覺得揪心。巨大的新聞標題寫著：「醉酒鬧事兩人被打成重傷，圍觀群眾竟見死不救」。還有報紙寫道：「民眾如此麻木不仁，令人痛心疾首」。小張內心的愧疚之情頓時翻湧。「當時旁觀的那麼多人，怎麼會沒有人打 110 ？原來那些胡亂喊叫的人，都沒有行動嗎？」小張一邊為自己的冷漠和缺乏行動力而自責，一邊思考著「群眾麻木」的問題。

　　很多地方都發生過類似的事件，比如：一個落水的小學生，竟然在幾十個人的注視下，溺水身亡；一個準備跳樓的男子，原本只是情緒激動，無意輕生，竟然在樓下眾多人圍觀，很多人起鬨說「你跳啊」、「你怎麼還不跳」的情況下，真的墜樓身亡。其實，小張昨晚經歷的場景，正是社會心理學家研究多時的一種心理現象 —— 旁觀者效應。旁觀者現象指的是，在緊急情況下，由於有他人在場而沒有對受難者提供幫助的現象。心理學家研究得出結論：救助行為出現的可能性與在場旁觀人數成反比，即旁觀人數越多，救助行為出現的可能性就越小。

　　心理學家也總結了一個規律，在緊急情況下，如果越少人在場，受難者獲救的機率就越大。因為，少數人會因為強烈的責任感和見死不救的罪惡感，而想盡辦法對受難者施

救。當旁觀者增多時，整體的罪惡感和羞恥心會被人群平分掉，責任分散在每個人身上，個體的責任就會相對減少。同時，隨著旁觀者的增加，每個人都在等待他人的反應，甚至出現推脫責任的現象，因此，受難者獲救的機會也隨之減少。不過，這種現象並不能單純地解釋為旁觀者的冷酷無情，或者道德淪喪，因為在不同的場合，旁觀者受不同的群體影響，援救行為也會變得不同。

除了在緊急事件中，生活中的其他方面也會受到旁觀者效應的影響。比如：一個人平時說話總是自信滿滿，滔滔不絕；可是一站到演講臺上，面對臺下落座的觀眾，就會張口結舌，面紅耳赤，原本練習多次的講稿也會說得結結巴巴。不過，旁觀者效應也有促進行動的時候。當我們遇到壞人時，如果是隻身一人，恐怕難以與壞人正面對抗；當周圍有人圍觀時，我們就會鼓起勇氣，用正義的力量戰勝邪惡。

再看另一種情況。在眾人圍觀之下，原本打算吵兩句就散去的兩個人，可能為了受傷的尊嚴，愈吵愈烈，甚至大打出手。這種圍觀造成了人群對當事人的一種隱性攻擊，或許事情的結果並不出於旁觀者本意，可是，事實的確是在圍觀者的注視下，才得以發展的。

幸好，這種隱性攻擊還是可以避免的。社會心理學家提示到：如果你作為一名旁觀者，遇到了突發事件，這時，首

先要克制住觀望、看熱鬧的衝動，因為身處險境的人可能正
在等待你的救援。然後，立刻採取行動，打電話報警或者向
周圍人呼救。即使情況還模稜兩可，即使你可能在緊急情況
下判斷失誤，最後製造出一個惹人笑話的烏龍。但是，被人
笑話事小，救人性命事大。

第五節
找到自己的位置 —— 社會角色

　　南宋嘉熙年間，江西一帶山民叛亂，當時，身為吉州萬安縣縣令的是一個叫做黃炳的人，他收到消息後，立即調集了大批人馬，在城門口嚴加守衛，時刻準備著與叛軍作戰。

　　一天黎明前，探報來說，叛軍即將殺到。黃炳立即派巡尉率兵迎敵，可是，巡尉遲遲不肯離去，支支吾吾地想要說什麼，黃炳見此情形，問道：「你還有什麼話要說？」巡尉怯怯地說：「將士們到現在還沒吃飯，餓得渾身無力，到戰場上怎麼打仗？」黃炳一聽，馬上面露難色，過了一會兒，他卻胸有成竹地說：「你們儘管出發，早飯隨後送到。」

　　黃炳並沒有開「空頭支票」，他立刻帶上身邊的幾個差役，抬著竹籮木桶，沿著街市挨家挨戶叫道：「知縣老爺買飯來啦！知縣老爺買飯來啦！」當時城內居民都在做早飯，聽說知縣大人親自帶人來買飯，便趕緊將剛燒好的飯端出來。黃炳命手下付足飯錢，便將熱氣騰騰的米飯裝進木桶推走。這樣，士兵們既填飽了肚子，又沒有耽誤行軍，與叛軍交戰中，個個奮勇殺敵，最後打了一場大勝仗。

　　這個縣令黃炳，沒有親自捋袖做飯，也沒有興師動眾勞民傷財，他只是藉別人的手，做好了自己的飯。縣令的買飯之舉，看來平淡無奇，算不上高明，甚至有些荒唐，但卻取得了很好的效果。

　　從這個故事中，我們可以看出，團體中的每個人都有著不同的作用，就像士兵是用來打仗，巡尉是用來協調縣令和士兵之間的關係，而縣令本人，則是用來出謀劃策，統籌大局。故事中的縣令黃炳找到了自己的角色定位，他知道自己不是用來衝鋒陷陣，也不需要事必躬親，去身體力行地幫著士兵做飯，而需要運用自己的智慧，找到最便捷的方法，達到令人滿意的效果。

　　在一個團體中也是如此。社會是一個大團體，公司或者家庭是一個小團體。無論是誰，在團體中都在扮演著一個屬於自己的角色，這個角色可能是領導者，可能是謀劃者，也可能是參與者。角色的不同，取決於每個人不同的人格特點。有些人非常現實，崇尚努力，喜歡用系統的方法解決問題，具有很好的責任心和自制力，因此，這樣的人會成為團隊中的腳踏實地者，他們對團隊忠誠度高，有時候，甚至會為了團隊整體的利益而放棄個人的利益；有些人成熟自信，辦事客觀，能夠引導一群不同能力和個性的人向著共同的目標努力，這樣的人會成為團體的協調者，他們具備強烈的個

人魅力，能夠發現團體成員的優缺點，並且幫助成員發揮自己的優勢，實現目標。

對於處在不同團體中的我們來說，根據自己的性格和喜好，準確地找到自己的角色，找到我們在團體中的位置，比完成棘手的工作更重要。因為，團體中的每個角色都是互相依賴、相伴而生的。不同的角色承擔著不同的使命，如果一個人不夠了解自己，對自己的定位不清楚，就很容易造成角色混亂，從而使自己陷入矛盾、自卑的情緒中，影響自己，也會影響他人。

阿偉是汽車廠一個生產線的普通員工，進入工廠三年來，他一直表現出色，無論是生產技術，還是與同事之間的溝通能力，都在其他員工之上。工廠主任孫師傅特別器重他，希望阿偉將來有不錯的發展。

可是，最近發生的一件事，卻讓他對阿偉的印象大打折扣。年底人事變動時，孫師傅調到了分公司任經理，阿偉信心滿滿，以為自己可以順利地由班組長升任工廠主任，接替孫師傅的職位。沒想到，人事任命下來後，是另外一位叫做兵兵的同事接替了孫師傅的職位。

阿偉心裡非常不滿，工作上開始不積極，還經常挑兵兵的毛病。一次，在工廠上班時，兵兵按照規定的圖紙指導員工工作，但阿偉不按照規定的步驟操作，非要根據自己的習

慣來安裝，兵兵指出他的毛病之後，他不客氣地說：「孫師傅在的時候，我一直都是這麼做的，怎麼就你毛多啊？」兵兵和他爭執了幾句，阿偉更加挑釁地說：「看來你根本不是做主任的料，我勸你，還是該幹嘛幹嘛去吧！讓有能力的人來當主任才對。」

兵兵將事情反映給經理，原本就看不慣阿偉囂張氣焰的經理，一氣之下將他分配到郊區的配件廠。孫師傅得知後，趕到配件廠看望阿偉，才了解到，原來他一直為沒能升任工廠主任的事情耿耿於懷。孫師傅無奈地解釋道：「說你脾氣壞，讓你改，你還不聽，最後事情還是壞在你這脾氣上吧 —— 我跟經理說過了，過兩個月，讓你到分公司來幫我，你怎麼就沉不住氣呢？」看著孫師傅失望的表情，阿偉才明白，原本的一件好事讓他給搞砸了。

在紛繁而複雜的社會中，我們總要經歷不同的角色：生病了，住進醫院，就變成了病人；病好了，回到工作崗位上，又變回了員工；餓了，去餐館吃飯，是消費者；自己做生意的，就成了老闆；從員工升遷之後，又變成了主管或者經理……可是，無論什麼時候，處在何種職位，都需要用積極的心態面對，即使像阿偉那樣，升遷不成，也要踏踏實實地工作，如果一名小員工整日以主管的姿態工作，總有一天會碰到釘子，也會讓自己嘗到苦果。

電子書購買

爽讀 APP

國家圖書館出版品預行編目資料

因為人心太難測，所以需要「百搭」心理學：流
派簡史 × 精神分析 × 人格養成 × 需求動機 ×
個案解讀，36 堂深入生活的實用課程，你以為
的奇怪其實超正常！/ 心靈花園 著 . -- 第一版 . --
臺北市：崧燁文化事業有限公司 , 2024.07
面；　公分
POD 版
ISBN 978-626-394-478-7(平裝)
1.CST: 心理學
170　　　113008949

因為人心太難測，所以需要「百搭」心理學：流派簡史 × 精神分析 × 人格養成 × 需求動機 × 個案解讀，36 堂深入生活的實用課程，你以為的奇怪其實超正常！

臉書

作　　　者：心靈花園
責任編輯：高惠娟
發 行 人：黃振庭
出 版 者：崧燁文化事業有限公司
發 行 者：崧燁文化事業有限公司
E - m a i l：sonbookservice@gmail.com
粉 絲 頁：https://www.facebook.com/sonbookss/
網　　　址：https://sonbook.net/
地　　　址：台北市中正區重慶南路一段 61 號 8 樓
8F., No.61, Sec. 1, Chongqing S. Rd., Zhongzheng Dist., Taipei City 100, Taiwan
電　　　話：(02) 2370-3310　　　傳　　真：(02) 2388-1990
印　　　刷：京峯數位服務有限公司
律師顧問：廣華律師事務所 張珮琦律師

定　　　價：375 元
發行日期：2024 年 07 月第一版
◎本書以 POD 印製